Dulce Tortura

달콤한 고통

Antología poética de Alfonsina Storni

달콤한 고통
Dulce Tortura

●

알폰시나 스토르니 시선집
신정환 옮김

옮긴이의 말

알폰시나의 시와 사랑

우리나라와 지구 정 반대편에 있는 아르헨티나는 라틴아메리카의 많은 나라들 가운데 좀 별난 나라다. 인종적으로 유럽 출신의 백인이 대다수 인구를 차지하고 있고 수도인 부에노스아이레스는 런던과 파리를 합쳐놓은 도시라고 할 정도로 웅장하게 건설된 근대식 도시다. 20세기 초반 아르헨티나가 1인당 국민소득에서 프랑스나 이탈리아를 앞서는 세계 10대 부국의 일원이었기에 가능한 일이었다. 당시 유럽인들이 '아르헨티나 드림'을 쫓아 대서양을 건너는 것도 흔한 일이었다. 지금도 이곳 사람들은 "아르헨티나는 아메리카가 아니라 유럽"이라고 말하며 이웃 나라의 신경을 건드리곤 한다.

아르헨티나는 특히 문화적으로 선진국의 자부심이 넘친다. 수많은 예술가들이 이 땅에서 태어났고 부에노스아이레스에 있는 콜론 극장은 지금도 세계 5대 오페라 극장의 하나로 간주된다. 아르헨티나는 훌륭한 작가들을 많이 배출한 문학의 중요 거점이기도 하다. 보르헤스, 코르타사르, 마누엘 푸익 등 라틴아메리카 문학의 전성기를 이끌었던 붐소설 거장들이 탄생했고, 많은 문예지와 유명 작가들을 중심으로 형성된 작가와 지식인 그룹이 동인 활동을 하면서 문단을 이끌었다. 창작과 토론을 즐기는 수많은 살롱 문화 역시 '남미의 프랑스'라는 별명에 걸맞은 아르헨티나의 활기찬 문화를 반영하는 현상이었다.

알폰시나 스토르니(Alfonsina Storni, 1892-1938)가 태어나고 활동한 시기는 이렇게 아르헨티나가 경제적, 문화적으로 전성기를 누릴 때였다. 그러나 여류작가에 대한 차별과 장벽은 아르헨티나도 예외가 아니었다. 이는 아르헨티나뿐만 아니라 라틴아메리카에 만연해 있던 남성중심주의, 즉 마초주의(machismo)에서 비롯된 것이다. 게다가 알폰시나는 어린 시절부터 늘 가난에 쪼들렸던 집안에서 성장했다. 그리고 스무 살부터 혼자 아들을 키운 싱글맘이었다.

다른 많은 아르헨티나인들과 마찬가지로 그녀의 부모 역시 유럽 이민자들이었다. 아버지 알폰소 스토르니와 어머니 파울리나 마르티뇨니는 스위스 남부의 루가노(Lugano) 출신이다. 1880년 그들은 아르헨티나로 이주하면서 험준한 안데스 산맥에 위치한 도시 산후안(San Juan)에 정착한다. 그들은 '알프스 맥주'라는 이름을 붙인 소규모 맥주 제조 사업을 벌였는데 여의치 않자 1891년 고향 스위스로 돌아간다. 그 이듬해인 1892년 5월 22일 루가노의 살라 카프리아스카에서 알폰시나 스토르니가 태어났다. 위로는 오빠 로메오와 언니 마리아가 있었다. 이탈리아와 접경지대인 루가노는 역사적으로 이탈리아 땅이었고 이탈리아 문화권에 속해 있기 때문에 이름도 이탈리아식이었다. 알폰시나가 태어나서 처음 배운 언어도 이탈리아어였다.

1896년 알폰시나가 네 살 때 가족은 다시 아르헨티나의 산후안으로 돌아왔고 일곱 살 때 남동생 힐도가 태어난다. 아르헨티나로 돌아올 때 이미 가족의 경제적 궁핍은 심각한 상태였다. 그럼에도 알폰시나는 초등학교(Escuela Normal de San Juan)에 다니며 연극의 재미에 빠진다. 부모는 1901년 로사리오(Rosario)로 이사하여 '스위스 카페'를 개업하면서 재기를 시도한다. 로사리오는 아르헨티나 제3의 대도시로 영원한 혁명가 체 게바라의 고향으로도 잘 알려진 곳이다.(축구 선수 리오넬 메시의 고향이기도 하다.) 열 살 먹은 알폰시나는 학교를 그만두고 카페에서 접시를 닦고 청소를 하면서 부모를 도와야 했다. 이후 알폰시나는 가족들과 함께 뜨개질 작업을 하고 모자 공장에서 일하기도 한다. 한창 친구들과 수다를 떨고 소꿉장난을 하며 뛰어놀아야 할 소녀가 너무 일찍 맞닥뜨린 거친 현실이었다.

그래서 그랬을까? 알폰시나가 12세에 쓴 첫 시의 주제는 놀랍게도 '죽음'이었다. 집안의 어려운 형편과 자신의 가련한 처지가 어린 소녀의 글에 반영된 것이다. 재미있는 것은 성악을 전공하고 배우를 꿈꿨던 엄마의 반응이었다. 알폰시나는 그 시를 엄마 배게 밑에 두었는데 시를 읽고 놀란 엄마는 조숙한 딸에게 "인생은 달콤한 거란다"라며 달랬다고 한다.

사업의 실패로 좌절한 아버지는 알코올 중독에 빠졌고 결국 1906년 세상을 떠난다. 어머니는 재혼해 로사리오 인근의 부스틴사로 이사하면서 집에서 음악 개인 교습을 한다. 알폰시나는 여전히 일을 하면서도 책을 꾸준히 읽으면서 루벤 다리오의 시에 매혹되었고 아나키즘에도 관심을 가진다. 1907년 마누엘 코르데로가 이끄는 극단이 로사리오를 방문하는데 알폰시나는 몸이 아픈 배우를 대신해 무대에 설 기회를 얻는다. 그녀는 내친김에 극단에 합류해 집을 떠나 일대 도시를 순회하면서 연기를 한다. 이를 통해 알폰시나는 헨릭 입센, 페레스 갈도스 등의 훌륭한 희곡작품들을 접하면서 자신의 문학적 감성을 다시 한번 확인하고 첫 희곡작품 〈용기 있는 마음(Un corazón valiente)〉도 쓴다. 그러나 삶은 여전히 고달팠다. 이렇게 힘든 시절 알폰시나는 처음으로 자살을 생각한다.

1909년 알폰시나는 로사리오 이북의 소도시인 코론다의 교사양성학교에 입학한다. 가정형편 때문에 중단했던 공부를 끝내 포기할 수 없었던 것이다. 그러나 늘 돈에 쪼들린 알폰시나는 생활비 마련을 위해 학교의 경비 아르바이트까지 도맡아야 했다. 1911년, 우여곡절 끝에 교사 자격증을 획득한 알폰시나는 양아버지의 주선 덕분에 로사리오의 한 학교에서 가르치는 일을 시작한다. 그즈음 알폰시나는 로사리오의 문학잡지, 〈문도 로사리오(Mundo Rosario)〉, 〈모노스 이 모나다스(Monos y monadas)〉 등과 접촉하면서 처음으로 시를 발표한다. 교단에 서고 잡지에 글을 쓰면서 알폰시나는 비로소 경제적 독립을 이룬다.

로사리오에서의 문학 활동은 오래 지속되지 않았다. 24살이나 차이 나는 유부남 신문기자 카를로스 테르세로 아르김바우(Carlos Tercero Arguimbau)와 사랑에 빠져 아기를 갖지만 버림받은 것이다. 거의 백 년 전의 완고한 남성중심주의 사회에서 처녀가 아이를 갖는 것이 무엇을 의미하는지 알 것이다. 1911년 알폰시나는 임신한 몸으로 도망치듯 부에노스아이레스로 떠난다. 대도시의 익명성 아래 자신과 뱃속 아기를 지키기 위한 도피였다. 1912년 부에노스아이레스에서 아들 알레한드로가 태어난다. 대도시에 뛰어든 젊은 엄마는 약국에서, 상점 계산대에서, 그리고 올리브유 수입회사에서 일하면서 아기를 키우며 생계를 꾸려나간다. 그러나 다른 한편으로는 꾸준히 글을 쓰면서 문단의 문을 두드린다.

  1916년 마침내 스토르니의 첫 시집 『장미 넝쿨의 고뇌』가 출간된다. 이와 함께 〈노소트로스(Nosotros)〉, 〈프라이 모초(Fray Mocho)〉, 〈카라스 이 카레타스(Caras y Caretas)〉, 〈엘 오가르(El Hogar)〉, 〈문도 아르헨티노(Mundo Argentino)〉 등의 잡지에 지면을 얻어 글을 쓰게 된다. 이름이 알려지면서 유명한 지식인, 작가들과 알기 시작했고 여러 도서관에서 시낭송회 초대도 받는다. 그러나 아무리 유명해져도 경제적 어려움은 벗어나기 힘들었다. 다행히 그녀는 한 학교의 교장으로 임명되었고 그곳에서 두 번째 시집, 『달콤한 상처』가 출간된다. 하지만 1918년 알폰시나는 신경쇠약으로 인해 교장직을 그만두고 다시 글쓰기에 전념한다.

  한국에서 독립 만세의 함성이 울려 퍼지던 1919년 알폰시나는 아르헨티나 사회에서 여성 독립운동을 주창한다. 그녀는 〈라 노타(La Nota)〉, 〈라 나시온(La Nación)〉 등의 잡지에 고정 필자가 되어 여성을 옥죄는 위선적인 사회 윤리와 관습을 비판하고 여성참정권을 요구한다. 특히 그녀는 여성의 몸이 누릴 수 있는 성적 권리를 당당하게 주장한다. 알폰시나의 글은 당시 아르헨티나 사회에 큰 반향과 파문을 불러일으켰고 그녀에 대한 독자들의 호불호도 명확하게 갈렸다. 그리고 호불호를 막론하고 페미니스트로서 알폰시나의 이름도 널리 알려졌다.

  같은 해에 출간된 세 번째 시집 『어쩔 수 없이』도 이전 작품들과 마찬가지로 호평을 받았다. 1920년 알폰시나는 우루과이의 몬테비데오 대학교 초청을 받아 강연과 시낭송회를 가졌다. 아울러 네 번째 시집인 『나른함』이 출간되었다. 이 책에서 작가는 "주여, 왜 저를 남자로 태어나지 않게 하셨나요?"라고 푸념하면서 앞서 두 시집과 마찬가지로 여성의 좌절을 표현한다. 그래도 1920년은 실패와 성공의 전환점이 된 해다. 연이어 영광이 몰려오기 시작한다. 아동극장 라바르덴(Lavardén)에서는 그녀에게 고정 강좌를 맡긴다. 이름이 알려지면서 상복도 따라온다. 1920년 시에서 주는 시인상을 받았고, 『나른함』으로 국가문학상 2등상을 차지하는 등 여러 문학상을 받았다. 이밖에도 여러 곳의 강연과 강의, 일자리, 원고 청탁 등을 의뢰받으며 바쁜 나날을 보낸다.

너무도 과도한 노동의 후유증일까. 이번에는 가난이 아니라 많은 일, 스트레스, 그리고 신경쇠약증세가 알폰시나를 힘들게 했다. 그녀는 휴양을 위해 코르도바 근처의 로스 코코스(Los Cocos)를 찾는다. 이후에도 이곳은 시인이 종종 찾는 휴식처가 되었다. 1922년 알폰시나는 국가문학상(Premio Nacional)을 받았고, 한 해 뒤에는 렝구아스 비바스 국립학교에서 고정 강좌를 맡았다. 1925년 다섯 번째 시집 『황토』가 출간된다. 이 작품은 알폰시나의 시세계에서 전환점을 보여준다. 즉 사랑을 노래하고 섬세한 언어를 구사하는 모데르니스모 경향에서 벗어나 좀 더 냉소적이고 풍자적이며 전투적인 페미니즘 성향이 드러나기 시작하는 것이다. 흥미롭게도 이 시기에 그녀의 신경쇠약이 많은 경우 스스로에게서 비롯된다는 점이 밝혀진다. 사랑의 배신에 대한 강박관념과 과도한 피해의식이 그 원인이라는 것이다.

그럼에도 불구하고 1920년대 중반은 알폰시나의 생애에서 가장 "잘 나가던" 시절이었다고 말할 수 있다. 많은 지면과 열렬한 애독자들, 사회적인 명성, 경제적 여유, 활발한 교우관계, 그리고 무엇보다도 부에노스아이레스 사회에서 좋은 작가로 인정받았기 때문이다. 사실상 그녀는 콧대 높은 아르헨티나 문단에 받아들여진 최초의 여류시인인 셈이었다. 물론 호의적이지 않은 비평가들도 있었다. 이들은 알폰시나가 철 지난 모데르니스모(modernismo) 문체로 유치한 사랑을 노래하며 여성 독자들을 끌어들이는 통속 작가라고 깎아내렸다. 그런가 하면 전투적 페미니즘의 성향 때문에 많은 아버지들이 딸들에게 알폰시나의 시를 읽지 말라고 금지하는 일도 일어났다.

알폰시나를 향한 비판은 1927년 그녀의 첫 극작품인 『세상의 주인(El amo del mundo)』이 무대에 오른 후에 더욱 아프게 다가왔다. 이 연극은 당시 토르쿠아토 데 알베아르(Torcuato de Alvear) 대통령 부부가 보러 올 정도로 큰 관심을 끌었으나 비평계의 혹평 속에 3일 만에 막을 내린다. 문단 데뷔 이후 10년 이상 호평만 받았던 작가에게 이 실패는 쓰라린 상처였다. 게다가 연극 줄거리는 자신의 삶을 정리한 것으로서 페미니즘 사상을 보다 진지하게 다룬 것이었다. 많은 비평가들은 작품의 문체가 시대착오적이며 주제는 유치하다고 비판했다. 그중에는 당시 호르헤 루이스 보르헤스(Jorge Luis Borges)가 주관하던 아방가르드 잡지 〈마르틴 피에로〉 중심의 극단주의(ultraísmo) 비평가들도 있었다.

이때의 아픔 때문인지 알폰시나의 다음 시집은 1934년에야 출간된다. 알폰시나의 유일한 산문집으로 간주되는 『사랑의 시(Poemas de amor)』가 출간된 1926년 이후 8년 만에, 그리고 시집으로는 『황토』 이후 무려 9년 만에 나온 작품이었다. 『일곱 개의 샘이 있는 세계』라는 제목을 단 새 시집은 아들 알레한드로에게 바친 시들을 묶은 것이다. 당시 알폰시나와 함께 당대 최고의 여류시인으로서 1945년 라틴아메리카 최초의 노벨문학상을 수상하는 칠레의 가브리엘라 미스트랄(Gabriela Mistral)은 이 작품을 읽고 알폰시나가 백 년에 한 번 나올 만한 시인이라고 극찬한다.

1935년 우울증과 신경쇠약으로 고통을 겪는 알폰시나에게 암이 찾아온다. 신경증을 고칠 겸 기분전환을 위해 유럽 여행을 다녀온 직후였다. 수술을 받고 오른쪽 가슴을 절제했으나 힘든 방사선 치료는 그녀를 녹초가 되게 하고 결국 치료를 포기하게 만들었다. 그녀는 더욱 움츠러들었고 사람을 피하기 시작한다. 육체적 고통과 죽음의 공포 속에 1937년 마지막 시집 『가면과 클로버(Mascarilla y trébol)』을 준비한다. 이 작품은 1938년 알폰시나가 세상을 떠나기 한 달 전에 출간된다. 새로운 시대의 조류에 맞게 아방가르드 경향을 보이지만 시인의 어두운 심리적 심연을 덮지는 못한다. 즉 세상과의 이별을 준비하는 시적 이미지는 애절하고 음울하다. 귀가 먹은 암울한 상태에서 〈검은 그림〉을 그린 스페인의 화가 고야도 이런 심정이었을까?

1937년 발생한 우루과이 작가 오라시오 키로가(Horacio Quiroga)의 죽음 역시 시인에게 부정적 영향을 미쳤다. 20세기 초반 라틴아메리카를 대표하는 단편소설 작가이자 환상문학의 대가였던 오라시오 키로가는 알폰시나와 연인 관계라는 소문이 있을 정도로 깊은 친분이 있었다. 역시 암으로 인해 고통을 받고 있던 키로가의 자살은 알폰시나 1년 후 비극을 암시하는 징조였다. 게다가 알폰시나가 예뻐했던 키로가의 딸 에글레가 얼마 후 아버지의 길을 따라간 것이나, 아르헨티나의 위대한 작가였던 레오폴도 루고네스가 같은 시기에 극단적 선택을 한 사건도 충격이었을 것이다.

알폰시나의 말년이 마냥 고통으로 점철된 것은 아니었다. 1938년 우루과이 교육부는 몬테비데오 대학교에서 열리는 여름학교에 아르헨티나의 알폰시나 스토르니, 칠레의 가브리엘라 미스트랄, 그리고 우루과이의 후아나 데 이바르부루(Juana de Ibarbourou)를 라틴아메리카를 대표하는 3인의 여류시인으로 선정하여 초대한다. 세 시인은 자신들의 시 세계와 여성의 역할에 대해 강연을 한다. 주최 측 연락이 행사 하루 전에 오는 바람에 알폰시나는 몬테비데오로 가는 차 안에서 급히 원고를 써야 했지만 큰 호응을 받은 강연은 행복한 경험이었다. 이 행사는 콧대 높은 학계와 주류 문단에서 알폰시나의 문학을 정식으로 인정했다는 의미를 갖는다.

1938년 10월, 모종의 결심을 굳힌 알폰시나는 대서양 변의 휴양도시 마르 델 플라타(Mar del Plata)로 향한다. 어느 날 밤 극심한 통증을 겪은 후 그녀는 묵고 있던 숙소 직원의 도움을 받아 아들에게 작별 편지를 썼다. 그리고 10월 25일 새벽 1시경 세찬 비가 내리는 가운데 페를라(Perla) 해변 방파제에서 바다에 몸을 던진다. 그녀는 아들에게 보내는 편지와 함께 유언과도 같은 시 〈이제 잠들고 싶어요〉를 남겼다. 만으로 마흔여섯의 나이였다.

가난, 실연의 아픔, 육체적 고통 등으로 점철된 여인의 삶이라 하면 흔히 청승맞은 이미지를 연상하기 쉽다. 그러나 알폰시나의 삶은 시종 일하고 아이를 키우고 글을 쓰고 투쟁하고 사랑하는 치열한 전장이었다. 아마도 자기 동정에 빠질 사치도 갖지 못했을 것이다. 알폰시나가 유일하게 섬세한 여인의 모습으로 돌아가는 것은 사랑에 빠질 때다. 그녀는 사랑으로 인해 수렁에 빠지고 사랑을 통해 구원을 얻었다. 자신의 말대로 사랑을 위해 태어났으며 진정한 사랑에서 존재의 이유를 찾았다. 그러나 사랑의 보편적 감정이 곧 수동적이고 연약한 성격을 의미하는 것은 결코 아니다. 오히려 알폰시나는 사랑을 갈망하고 의연하게 이별을 감내하는 내면의 감정을 솔직하게 표현하면서 가부장제 사회에서 여성에게 씌워진 통념과 역할을 거부한다. 이는 마초주의에 길든 아르헨티나 사회를 당혹하게 만들고 사회적 파문을 일으켰다. 시인은 더 나아가 여성을 소유물로 생각하는 남성중심적 체제에 항거하고 자신을 새장에 가두려는 천박한 이들을 비판한다. 스스로 삶의 무대에서 내려왔지만, 과연 알폰시나를 패배자라 부를 수 있을까?

  알폰시나는 생전에 일곱 권의 시집과 한 권의 산문(시)집, 그리고 두 편의 희곡을 남겼다. 이 책에 실린 마흔 개의 시는 시인의 작품 가운데 잘 알려진 대표시들과 역자가 개인적으로 좋아하는 시들을 선별해서 우리 말로 옮긴 것이다. 번역이 끝난 후 마흔 개의 시들을 일곱 권의 시집별로 분류해 보았다. 신기하게도 첫 시집인 『장미 넝쿨의 고뇌』부터 여섯 번째 시집인 『일곱 개의 샘이 있는 세계』까지 여섯 권의 작품에 각각 5~6편의 시가 골고루 분포되어 있었다. 마지막 시집인 『가면과 클로버』에서는 두 편의 시가 나왔고, 나머지 네 편의 시는 독립적으로 발표되었거나 출전을 확인할 수 없었다. 이에 이 책의 목차 역시 일곱 권의 시집 제목을 따라 7장으로 구성하게 되었다. 자연스럽게 시간순으로 배열된 셈이다. 마지막 제7장에는 『가면과 클로버』의 두 편과 독립 작품 네 편을 함께 실었다.

  한편 이 책의 마지막 부분에는 옮긴이의 짧은 감상이 실린다. 시를 읽는 독자들의 감상을 방해할까 봐 뒤로 넣었다. 활자화된 작품은 이제 시인의 것이 아니고 옮긴이의 것은 더더욱 아니며 온전히 읽는 이의 것이 되기 때문이다.

차례

옮긴이의 말 알폰시나의 시와 사랑   4

1. 장미넝쿨의 고뇌(1916)

Adiós! 안녕!   21
La inquietud del rosal 장미 넝쿨의 고뇌   25
La loba 암늑대   27
Las Golondrinas 제비   33
Lo inacabable 끝나지 않는 것   39
Vida 삶   43

2. 달콤한 상처(1918)

Dos palabras 그 한 마디   47
Dulce Tortura 달콤한 고통   49
Presentimiento 예감   51
Tu Dulzura 부드러운 당신   53
Tú me quieres blanca 넌 나만 순결하길 바라지   55
Viaje 여행   63

3. 어쩔 수 없이(1919)

Alma desnuda 벌거벗은 영혼	69
Frente al mar 바다 앞에서	75
Hombre pequeñito 작은 남자	81
Odio 증오	83
Paz 평화	87
Peso ancestral 혈통의 무게	89
Un sol 햇살	91

4. 나른함(1920)

La caricia perdida 길 잃은 손길	97
Han venido 방문	99
Letanías de la tierra muerta 지구의 죽음에 바치는 기도	103
Queja 불만	119
Siglo XX 20세기	121

5. 황토(1925)

    Dolor 고통   127

    El engaño 거짓   131

    Inútil soy 나는 쓸모없는 여자   133

    Palabras a mi madre 엄마에게   135

    Tú, que nunca serás 내 것 아닌 당신   137

6. 일곱 개의 샘이 있는 세계(1934)

    Buques 증기선   141

    Momento 순간   145

    Razones y paisajes de amor 사랑의 이유와 풍경   149

    Retrato de un muchacho que se llama Sigfrido 지크프리트라 불리는 청년의 초상   155

    Yo en el fondo del mar 깊은 바다에 누워   163

7. 가면과 클로버(1938) 그리고 네 편의 시

    Un lápiz 연필 한 자루   169

    Voy a dormir 이제 잠들고 싶어요   171

    Alma muerta 죽은 영혼   173

    Animal cansado 지친 짐승   177

    Esta tarde 오늘 오후   179

    Un día 언젠가   183

시인에게 바치는 노래 알폰시나와 바다(Alfonsina y el mar)   185

알폰시나 스토르니가 남긴 작품   190

옮긴이의 단상(短想)   191

일러두기

스페인어는 모든 발음이 경음, 즉 된소리로 난다. 따라서 스토르니는 원래 '스또르니', 아르헨티나는 '아르헨띠나'로 발음해야 한다. 그러나 이 책에서는 우리나라에서 일반적으로 통용되는 교육부 외래어 표기법에 의거해 격음 표시를 한다.

1

La inquietud del rosal
장미 넝쿨의 고뇌(1916)

Adiós!

Las cosas que mueren jamás resucitan,
las cosas que mueren no tornan jamás.
¡Se quiebran los vasos y el vidrio que queda
es polvo por siempre y por siempre será!

Cuando los capullos caen de la rama
dos veces seguidas no florecerán…
¡Las flores tronchadas por el viento impío
se agotan por siempre, por siempre jamás!

¡Los días que fueron, los días perdidos,
los días inertes ya no volverán!
¡Qué tristes las horas que se desgranaron
bajo el aletazo de la soledad!

¡Qué tristes las sombras, las sombras nefastas,
las sombras creadas por nuestra maldad!
¡Oh, las cosas idas, las cosas marchitas,
las cosas celestes que así se nos van!

안녕!

한번 죽으면 결코 깨어나지 않는다,
한번 죽으면 결코 돌아오지 않는다.
유리잔이 깨지며 생기는 조각
영원히 가루로 남을 조각!

줄기에서 떨어지는 꽃봉오리
두 번 다시 꽃을 피우지 못하리…
매정한 바람에 꺾인 꽃송이
영원히 메말라 가리라, 영원히!

지나간 나날, 이제 잃어버린 세월,
돌아오지 않을 핏기 사라진 나날!
아 서글프다, 고독이 활개치며
산산이 흩어지는 시간이여!

아 슬픈 어둠, 불길한 어둠,
우리의 사악함이 만들어낸 어둠!
이미 가버린 것들, 시들어버린 것들,
그렇게 우리 곁을 떠나버린 신성한 것들!

¡Corazón… silencia!… ¡Cúbrete de llagas!…
-de llagas infectas- ¡cúbrete de mal!…
¡Que todo el que llegue se muera al tocarte,
corazón maldito que inquietas mi afán!

¡Adiós para siempre mis dulzuras todas!
¡Adiós mi alegría llena de bondad!
¡Oh, las cosas muertas, las cosas marchitas,
las cosas celestes que no vuelven más!…

마음아… 진정하렴!… 종양으로 몸을 덮으렴!…
감염된 종양으로, 악으로 몸을 감싸렴!…
네게 손대는 모두가 죽음을 면치 못하게,
욕망을 들썩이는 고약한 마음이여!

내 모든 감미로움이여 영원히 안녕!
선량함으로 가득 찼던 내 기쁨이여 안녕!
아, 이미 죽은 것들, 시들어버린 것들이여,
다시는 돌아오지 않을 신성한 것들이여!…

La inquietud del rosal

El rosal en su inquieto modo de florecer
va quemando la savia que alimenta su ser.
¡Fijaos en las rosas que caen del rosal:
Tantas son que la planta morirá de este mal!
El rosal no es adulto y su vida impaciente
se consume al dar flores precipitadamente.

장미 넝쿨의 고뇌

위태롭게 꽃을 피우는 장미 넝쿨이
생명의 자양분 수액을 태워 버린다.
넝쿨에서 떨어지는 장미꽃들을 보라.
그 수많은 꽃잎 감당 못해 줄기는 죽어 가리라!
어린 장미 넝쿨의 조급한 삶이
서둘러 꽃을 피우며 사그라지리니.

La loba

Yo soy como la loba.
Quebré con el rebaño
Y me fui a la montaña
Fatigada del llano.

Yo tengo un hijo fruto del amor, de amor sin ley,
Que no pude ser como las otras, casta de buey
Con yugo al cuello; ¡libre se eleve mi cabeza!
Yo quiero con mis manos apartar la maleza.

Mirad cómo se ríen y cómo me señalan
Porque lo digo así: (Las ovejitas balan
Porque ven que una loba ha entrado en el corral
Y saben que las lobas vienen del matorral).

¡Pobrecitas y mansas ovejas del rebaño!
No temáis a la loba, ella no os hará daño.
Pero tampoco riáis, que sus dientes son finos
¡Y en el bosque aprendieron sus manejos felinos!

암늑대

나는 암늑대 같아.
평원에 시달려
무리와 결별하고
산으로 도피한다.

내게는 아들이 있다, 혼외 사랑의 결실.
나는 다른 이들처럼 살 수 없었다. 목에 멍에를 짊어진
황소의 운명, 그러나 나는 자유인, 고개를 쳐든다!
쟁기를 끌며 나는 무성한 잡초를 뽑아낸다.

나를 가리키며 얼마나 비웃는지 보라
내가 이렇게 말했기 때문이지 "울타리
넘는 늑대를 보고 새끼 양이 내는 울음소리.
늑대가 광야에서 왔다는 걸 알기 때문이야."

무리 속에 길든 순한 어린 양!
늑대를 무서워하지 말렴, 너를 해치지 않을 거야.
하지만 믿지도 말아라, 그 날카로운 이빨을.
늑대도 배웠으니, 숲속에서 맹수들의 사냥법을.

No os robará la loba al pastor, no os inquietéis;
Yo sé que alguien lo dijo y vosotras lo creéis
Pero sin fundamento, que no sabe robar
Esa loba; ¡sus dientes son armas de matar!

Ha entrado en el corral porque sí, porque gusta
De ver cómo al llegar el rebaño se asusta,
Y cómo disimula con risas su temor
Bosquejando en el gesto un extraño escozor…

Id si acaso podéis frente a frente a la loba
Y robadle el cachorro; no vayáis en la boba
Conjunción de un rebaño ni llevéis un pastor…
¡Id solas! ¡Fuerza a fuerza oponed el valor!

Ovejitas, mostradme los dientes. ¡Qué pequeños!
No podréis, pobrecitas, caminar sin los dueños
Por la montaña abrupta, que si el tigre os acecha
No sabréis defenderos, moriréis en la brecha.

늑대는 너희 목동을 뺏어가지 않을 거야, 그러니 두려워 말아.
누군가 해준 얘기를 너희들이 믿는다는 걸 알아.
하지만 사실이 아니란다. 늑대는
훔칠 줄도 모르고, 그 이빨은 사냥의 무기란다.

늑대는 울타리를 넘는다. 양 떼가
얼마나 겁에 질리는지 보고 싶어서,
그리고 어떻게 웃음으로 공포를 숨기는지
어떤 몸짓으로 기묘한 고통을 떨쳐버리는지 보고 싶어서.

양들아, 가서 늑대에 용감히 맞서보렴
그리고 새끼 양을 구해내. 하지만 떼지어 가지 말아
목동을 앞세우지도 말려무나.
너희끼리 가거라! 용기를 가지고 맞서보렴!

어린 양들아, 너희 이빨을 보여주렴. 앙증맞기도 하구나!
가엾게도 보호자 없이는 아무 데도 갈 수가 없겠어.
첩첩산중을 지나다 호랑이가 덮치면
너흰 무방비로 싸움판에서 죽음을 맞을 테니.

Yo soy como la loba. Ando sola y me río
Del rebaño. El sustento me lo gano y es mío
Donde quiera que sea, que yo tengo una mano
Que sabe trabajar y un cerebro que es sano.

La que pueda seguirme que se venga conmigo.
Pero yo estoy de pie, de frente al enemigo,
La vida, y no temo su arrebato fatal
Porque tengo en la mano siempre pronto un puñal.

El hijo y después yo y después… ¡lo que sea!
Aquello que me llame más pronto a la pelea.
A veces la ilusión de un capullo de amor
Que yo sé malograr antes que se haga flor.

Yo soy como la loba,
Quebré con el rebaño
Y me fui a la montaña
Fatigada del llano.

나는 암늑대 같아. 나는 홀로 길을 나서고
무리를 경멸하지. 나는 스스로 내 양식을 구하고
어디에 있든, 자기 할 일을 아는 손과
멀쩡한 정신을 가지고 있어.

나를 따르고 싶으면 함께 가자꾸나.
그러나 나는 늘 적과 맞서고 있어.
삶도, 그 운명적인 분노도 난 두렵지 않아.
언제나 날카로운 칼을 품고 다니니까.

아들이 먼저, 내가 다음 그리고 다음은… 어찌 되든 상관없어!
운명은 나를 언제든 싸움터로 불러낼 거야.
때로는 사랑이 싹트는 환상도 있지만
그것이 꽃피기 전에 지워버릴 줄도 알아.

   나는 암늑대 같아.
   평원에 시달려
   무리와 결별하고
   산으로 도피한다.

Las golondrinas

Las dulces mensajeras de la tristeza son…
son avecillas negras, negras como la noche.
¡Negras como el dolor!

¡Las dulces golondrinas que en invierno se van
y que dejan el nido abandonado y solo
para cruzar el mar!

Cada vez que las veo siento un frío sutil…
¡Oh! ¡Negras avecillas, inquietas avecillas
amantes de abril!

¡Oh! ¡Pobres golondrinas que se van a buscar
como los emigrantes, a las tierras extrañas,
la migaja de pan!

¡Golondrinas, llegaos! ¡Golondrinas, venid!
¡Venid primaverales, con las alas de luto
llegaos hasta mí!

제비

슬픔을 나르는 예쁜 전령은…
검은 새, 어두운 밤처럼 검은.
고통처럼 검은!

예쁜 제비들, 둥지를 비우고
홀로 한겨울 길을 나선다.
바다를 건너기 위해!

그들 볼 때마다 느끼는 가벼운 추위…
오! 검은 새들이여, 4월을 생각하며
맘 설레는 새들이여!

오! 가엾은 제비들이여, 낯선 땅
빵부스러기 찾아 유목민처럼
길을 나선다!

제비들이여, 얼른 오렴! 제비들이여, 이리 오렴!
봄의 전령이여 이리로, 검은 상복의 날개를 달고
얼른 내게 오렴!

Sostenedme en las alas… Sostenedme y cruzad
de un volido tan sólo, eterno y más eterno
la inmensidad del mar…

¿Sabéis cómo se viaja hasta el país del sol?...
¿Sabéis dónde se encuentra la eterna primavera,
la fuente del amor?...

¡Llevadme, golondrinas! ¡Llevadme! ¡No temáis!
Yo soy una bohemia, una pobre bohemia
¡Llevadme donde vais!

¿No sabéis, golondrinas errantes, no sabéis,
que tengo el alma enferma porque no puedo irme
volando yo también?

¡Golondrinas, llegaos! ¡Golondrinas, venid!
¡Venid primaverales! ¡Con las alas de luto
llegaos hasta mí!

날 날개에 묶어줘… 나를 묶고 단숨에 날아올라
영원히 그리고 영원히 건너가자꾸나,
저 광활한 바다를!

너희는 태양의 나라까지 어떻게 날아가는지 아니?…
너희는 영원한 봄날이, 그 사랑의 원천이
어디 있는지 아니?

제비들아, 날 데려가다오! 날 데려가! 겁먹지 말아!
난 보헤미안, 가엾은 보헤미안, 날 데려가다오
너희 가는 곳으로!

길 잃은 제비야, 넌 모르겠니, 난 너희처럼
날아오를 수 없기에 영혼이 아프단다.
넌 모르겠니?

제비들이여, 얼른 오렴! 제비들이여, 이리 오렴!
봄의 전령이여 이리로, 검은 상복의 날개를 달고
얼른 내게 오렴!

¡Venid! ¡Llevadme pronto a correr el albur!...
¡Qué lástima, pequeñas, que no tengáis las alas tejidas en azul!

이리 오렴! 제비들아 나를 어디든 데려가다오!
꼬마 새들, 유감이구나, 너희 날개의 옷감이
파란색이 아니라니!

Lo inacabable

No tienes tú la culpa si en tus manos
mi amor se deshojó como una rosa:
Vendrá la primavera y habrá flores…
El tronco seco dará nuevas hojas.

Las lágrimas vertidas se harán perlas
de un collar nuevo; romperá la sombra
un sol precioso que dará a las venas
la savia fresca, loca y bullidora.

Tú seguirás tu ruta; yo la mía
y ambos, libertos, como mariposas
perderemos el polen de las alas
y hallaremos más polen en la flora.

Las palabras se secan como ríos
y los besos se secan como rosas,
pero por cada muerte siete vidas
buscan los labios demandando aurora.

끝나지 않는 것

당신에겐 잘못이 없어요, 내 사랑의 꽃잎이
마치 한 송이 장미처럼 당신 손에서 졌다 해도.
봄은 또 찾아오고 꽃은 또 피어날 테니까요…
메마른 나무 둥치에도 새싹이 움틀 거예요.

눈물방울이 떨어져도 진주 구슬이 되어
새 목걸이가 나오겠죠. 어둠을 흩어버리는
눈 부신 햇살은 신선하고 활기찬
수액을 엄청나게 선사할 거예요.

당신은 당신의 길을 가겠죠, 나는 나의 길을
그리고 우리 모두 자유인으로. 나비처럼
우리 날개의 꽃가루를 날려버리더라도
꽃밭에는 더 많은 꽃가루가 기다리겠지요.

함께 나눈 말들이 가뭄의 강물처럼 메마르고
입맞춤 역시 늦가을 장미처럼 시들어가겠지만,
하나의 죽음에 새로운 일곱 생명이 태어나
새벽빛을 기다리며 입술 찾아 나서겠지요.

Mas… ¿lo que fue? ¡Jamás se recupera!
¡Y toda primavera que se esboza
es un cadáver más que adquiere vida
y es un capullo más que se deshoja!

그런데… 과거는? 이젠 되돌릴 수 없어요!
새롭게 찾아오는 봄날은 모두
주검이지만 새 생명을 피우고
꽃망울 터뜨리지만 이내 땅에 지고 말겠지요!

Vida

Mis nervios están locos, en las venas
la sangre hierve, líquido de fuego
salta de mis labios donde finge luego
la alegría de todas las verbenas.

Tengo deseos de reír; las penas,
que de domar a voluntad no alego,
hoy conmigo no juegan y yo juego
con la tristeza azul de que están llenas.

El mundo late; toda su armonía
la siento tan vibrante que hago mía
cuanto escancio en su trova de hechicera.

¡Es que abrí la ventana hace un momento
y en las alas finísimas del viento
me ha traído su sol la primavera!

삶

내 신경 미칠 듯 곤두서고, 혈관에는
피가 끓는다, 그 액체의 불길
내 입에서 뿜어 나오지만 나는 이내
무도회 소녀의 기쁨으로 가장한다.

나는 너무나도 웃고 싶어, 그래도
고통을 억지로 억누르진 않는다.
오늘 고통은 나와 놀지 않는다. 그리고
난 그걸 가득 채운 푸른 슬픔과 논다.

세계의 맥박이 뛴다, 그 지극한 조화를
매혹적인 시에서 들이마시고
그 생생한 조화로움 내 것이 된다.

조금 전 창문을 열었더니
바람의 섬세한 날개에 봄이
자기 해님을 싣고 내게 왔다!

2

El dulce daño
달콤한 상처(1918)

Dos palabras

Esta noche al oído me has dicho dos palabras
Comunes. Dos palabras cansadas
De ser dichas. Palabras
Que de viejas son nuevas.

Dos palabras tan dulces que la luna que andaba
Filtrando entre las ramas
Se detuvo en mi boca. Tan dulces dos palabras
Que una hormiga pasea por mi cuello y no intento
Moverme para echarla.

Tan dulces dos palabras
¿Que digo sin quererlo? ¡oh, qué bella, la vida!
Tan dulces y tan mansas
Que aceites olorosos sobre el cuerpo derraman.

Tan dulces y tan bellas
Que nerviosos, mis dedos,
Se mueven hacia el cielo imitando tijeras.
Oh, mis dedos quisieran
Cortar estrellas.

그 한 마디

오늘 밤 당신이 내 귀에 한 마디 속삭였어요.
아주 흔한 말. 언급하는 것조차
진부한 그 한 마디. 너무도
오래되었지만 언제나 새로운 그 한 마디.

그 한 마디 너무도 달콤해서 나뭇가지
사이로 빛을 뿌리며 거닐던 달님도
내 입가에 내려앉았지요. 그 한 마디 너무도
달콤해서 개미 한 마리 내 목덜미를 기어가도
꼼짝 않고 내버려 두었어요.

그 한 마디 너무도 달콤해서
나도 모르게 말했어요. 아, 인생은 얼마나 아름다운가!
그토록 달콤하고 그토록 부드럽게
그 말은 향유처럼 내 몸을 적시네요.

그토록 달콤하고 그토록 아름다워
내 손가락은 두근두근
가위가 되어 하늘로 향하네요.
아, 내 손가락 가위가
별들을 오려두려 하네요.

Dulce Tortura

Polvo de oro en tus manos fue mi melancolía;
Sobre tus manos largas desparramé mi vida;
Mis dulzuras quedaron a tus manos prendidas;
Ahora soy un ánfora de perfumes vacía.

Cuánta dulce tortura quietamente sufrida,
Cuando, picado el alma de tristeza sombría,
Sabedora de engaños, me pasada los días
¡Besando las dos manos que me ajaban la vida!

달콤한 고통

당신 손에 황금 한 줌으로 남은 내 멜랑콜리
당신의 늘씬한 손 위에 내 삶을 쏟아부었네.
다정도 병이라 당신 손에 붙들려버렸고
이제 나는 향기만 남은 빈 술병.

얼마나 숨죽이고 참았나, 그토록 달콤한 고통
내 영혼이 어두운 슬픔에 찔리고,
거짓을 알면서도 그렇게 시간이 흘렀어
내 삶을 시들게 한 두 손에 입맞춤하며!

Presentimiento

Tengo el presentimiento que he de vivir muy poco.

Esta cabeza mía se parece al crisol,

purifica y consume,

pero sin una queja, sin asomo de horror.

Para acabarme quiero que una tarde sin nubes,

bajo el límpio sol,

nazca de un gran jazmín una víbora blanca

que dulce, dulcemente, me pique el corazón.

예감

내 예감으로 나는 조금밖에 못 살 거야.
내 머리는 용광로 같아
모든 걸 정화하고 쓸어버리지
하지만 어떤 불평도, 조그마한 공포도 없이.
내 삶을 마감하기 위해 원하는 거라곤
구름 한 점 없는 어느 오후, 투명한 햇살 아래
커다란 재스민꽃에서 하얀 독사가 태어나
달콤하게, 아주 달콤하게, 내 심장을 깨물어주는 것.

Tu Dulzura

Camino lentamente por la senda de acacias,
me perfuman las manos sus pétalos de nieve,
mis cabellos se inquietan bajo céfiro leve
y el alma es como espuma de las aristocracias.

Genio bueno: este día conmigo te congracias,
apenas un suspiro me torna eterna y breve…
¿Voy a volar acaso ya que el alma se mueve?
En mis pies cobran alas y danzan las tres Gracias.

Es que anoche tus manos, en mis manos de fuego,
dieron tantas dulzuras a mi sangre, que luego,
llenóseme la boca de mieles perfumadas.

Tan frescas que en la limpia madrugada de Estío
mucho temo volverme corriendo al caserío
prendidas en mis labios mariposas doradas.

부드러운 당신

한적한 아카시아 오솔길을 걸어요.
눈송이 꽃잎이 내 손에 향수를 뿌리고
가벼운 산들바람은 머리칼을 흩트리죠.
내 영혼은 증발해 창공을 떠다니네요.

당신은 좋은 사람, 오늘 나를 행복하게 해요,
가벼운 한숨조차 순간 나를 영원으로 이끌지요…
영혼이 움직이는데 나도 한번 날아볼까요?
내 발에 날개 솟아나고 세 여신이 춤을 추네요.

어젯밤 당신 손길 열기에 찬 내 손 어루만지고
온몸 쓰다듬어 내 피를 뜨겁게 만들었어요, 그리곤,
내 입에 향기로운 꿀을 가득 채워줬지요.

청명한 한여름 새벽, 그 기억 그토록 신선하니
너무 걱정되네요, 입술에 황금빛 나비 장식 매달고
뜀박질하며 그 시골집 돌아갈 일이.

Tú me quieres blanca

Tú me quieres alba,
me quieres de espumas,
me quieres de nácar.
Que sea azucena
Sobre todas, casta.
De perfume tenue.
Corola cerrada .

Ni un rayo de luna
filtrado me haya.
Ni una margarita
se diga mi hermana.
Tú me quieres nívea,
tú me quieres blanca,
tú me quieres alba.

Tú que hubiste todas
las copas a mano,
de frutos y mieles
los labios morados.

넌 나만 순결하길 바라지

넌 내가 새벽의 햇살처럼 순결하길 원하겠지.
하얗게 부서지는 파도처럼 투명하길 원할 거야.
그리고 진주를 품은 조개 같으면 좋아하겠지.
꽃부리를 숨긴 채
풋풋한 향기를 발산하는,
그 무엇보다 순결한
백합처럼.

달빛조차 내게
접근 못 하게 하겠지.
데이지조차 내게
자매라 부르지 말라고 할 거야.
네가 내게 원하는 건
눈처럼, 새벽빛처럼
티 없는 순백의 존재.

너는 세상 모든 술잔을
들고 건배를 외쳤고
온갖 과일과 꿀을 맛보며
입술은 보랏빛이 되었지.

Tú que en el banquete

cubierto de pámpanos

dejaste las carnes

festejando a Baco.

Tú que en los jardines

negros del Engaño

vestido de rojo

corriste al Estrago.

Tú que el esqueleto

conservas intacto

no sé todavía

por cuáles milagros,

me pretendes blanca

(Dios te lo perdone),

me pretendes casta

(Dios te lo perdone),

¡me pretendes alba!

Huye hacia los bosques,

너는 포도덩굴로
뒤덮인 잔치상에
바쿠스 신을 예찬하며
산해진미를 차려 놓았어.
환멸의 검은 정원에서
빨간색 옷을 두르고
너는 파멸의 길로
달음질쳤던 거야.

허우대를 멀쩡하게
유지하고 있는 네가
대체 어떤 기적으로
내게 눈처럼 희기를 바라고
(하느님께서 너를 용서하시길)
내게 순수와 순결을 바라고
(하느님께서 너를 용서하시길)
내게 새벽빛이 되길 바라는지!
나는 아직도 모른다.

숲을 찾아 들어가고

vete a la montaña;
límpiate la boca;
vive en las cabañas;
toca con las manos
la tierra mojada;
alimenta el cuerpo
con raíz amarga;
bebe de las rocas;
duerme sobre escarcha;
renueva tejidos
con salitre y agua:

Habla con los pájaros
y lévate al alba.
Y cuando las carnes
te sean tornadas,
y cuando hayas puesto
en ellas el alma
que por las alcobas
se quedó enredada,

산에 올라보라.
샘물로 입을 씻고
오두막집에 살아보라.
젖은 대지를
손으로 느껴보라.
쓰디쓴 뿌리로
몸을 보양하라.
바위틈새의 물을 마시고
서리 위에 잠을 청해보라.
초석과 물을 가지고
옷가지를 새롭게 하라.

새들과 얘기해 보고
새벽에 눈을 떠보라.
그리하여 그 몸이
네게 다시 돌아오고,
모든 침실마다
얼기설기 얽혀있던
너의 영혼이
그 몸에 돌아온다면,

entonces, buen hombre,
preténdeme blanca,
preténdeme nívea,
preténdeme casta.

나의 좋은 남자여, 비로소
요구하라, 좋은 여자 되라고,
순결한 여자가 되라고,
눈처럼 하얗게 되라고.

Viaje

Hoy me mira la luna
blanca y desmesurada.

Es la misma de anoche,
la misma de mañana.

Pero es otra, que nunca
fue tan grande y tan pálida.

Tiemblo como las luces
tiemblan sobre las aguas.

Tiemblo como en los ojos
suelen temblar las lágrimas.

Tiemblo como en las carnes
sabe temblar el alma.

¡Oh! la luna ha movido
sus dos labios de plata.

여행

오늘 하얗고 커다란
달이 나를 바라본다.

어젯밤과 같은 달.
내일과 같은 달.

그러나 분명히 다른 달
그토록 크고 창백한 적은 없었어.

달빛이 수면 위에
떨리듯 나도 떨고 있다.

눈물이 눈망울 속에서
떨리듯 나도 떨고 있다.

영혼이 육체 안에서
떨리듯 나도 떨고 있다.

오! 달님이 자신의
은빛 두 입술을 움직였어.

¡Oh! la luna me ha dicho
las tres viejas palabras:

«Muerte, amor y misterio…»
¡Oh, mis carnes se acaban!

Sobre las carnes muertas
alma mía se enarca.

Alma ¿gato nocturno?
sobre la luna salta.

Va por los cielos largos
triste y acurrucada.

Va por los cielos largos
sobre la luna blanca.

그리고는 내게 오래 묵은
세 개의 단어를 말해줬어.

"죽음, 사랑 그리고 신비…"
오! 내 몸이 소멸되고 있구나.

죽은 육신 위로
내 영혼이 떠오르고 있어.

영혼은 도둑고양이던가?
달님을 향해 뛰어오른다.

멀고 먼 밤하늘 길, 몸을
옹크린 채 슬픈 표정으로 걸어간다.

멀고 먼 밤하늘 길
하얀 달님 위로 걸어간다.

3

Irremediablemente
어쩔 수 없이(1919)

Alma desnuda

Soy un alma desnuda en estos versos,
Alma desnuda que angustiada y sola
Va dejando sus pétalos dispersos.

Alma que puede ser una amapola,
Que puede ser un lirio, una violeta,
Un peñasco, una selva y una ola.

Alma que como el viento vaga inquieta
Y ruge cuando está sobre los mares,
Y duerme dulcemente en una grieta.

Alma que adora sobre sus altares,
Dioses que no se bajan a cegarla;
Alma que no conoce valladares.

Alma que fuera fácil dominarla
Con sólo un corazón que se partiera
Para en su sangre cálida regarla.

벌거벗은 영혼

이 시에서 난 벌거벗은 영혼
고뇌에 찬 벌거벗은 영혼은 홀로
꽃잎을 흩뿌리며 나아가네.

그 영혼은 양귀비가 될 수도 있지,
백합이나 제비꽃도 물론,
큰 바위도, 밀림도, 그리고 파도도.

노심초사 방황하면서 성난
바다에서는 포효하고 바위틈에서는
곤히 잠드는 바람 같은 영혼.

온갖 난관을 무시하면서
자신을 위해 강림하지 않는
신들에게 제사를 드리는 영혼.

정복하기 쉬운 영혼
따뜻한 피를 대주기 위해
자신의 심장도 쪼갤 수 있는.

Alma que cuando está en la primavera
Dice al invierno que demora: vuelve,
Caiga tu nieve sobre la pradera.

Alma que cuando nieva se disuelve
En tristezas, clamando por las rosas
con que la primavera nos envuelve.

Alma que a ratos suelta mariposas
A campo abierto, sin fijar distancia,
Y les dice: libad sobre las cosas.

Alma que ha de morir de una fragancia
De un suspiro, de un verso en que se ruega,
Sin perder, a poderlo, su elegancia.

Alma que nada sabe y todo niega
Y negando lo bueno el bien propicia
Porque es negando como más se entrega.

봄날 한가운데 겨울에게
늦게 오라고 말하는 영혼, 돌아와
초원 위에 눈을 뿌리라는 영혼.

눈이 오면 슬픔에 녹아버리는 영혼
봄이 우리에게 되돌려줄
장미를 애타게 그리며.

때로는 드넓은 들판에 나비를
날려 보내는 영혼, 사방 훨훨 날아
만물의 꿀을 빨아 먹으라 말하면서.

하나의 향기에도, 한숨에도, 애탄
기도문에도, 가능하다면, 우아함을
잃지 않은 채 죽어야 하는 영혼.

아무것도 모르고 모든 걸 부정하는 영혼
선을 부정하면서 선을 행하는 영혼
왜냐하면 너무 많은 건 없는 것이기에.

Alma que suele haber como delicia
Palpar las almas, despreciar la huella,
Y sentir en la mano una caricia.

Alma que siempre disconforme de ella,
Como los vientos vaga, corre y gira;
Alma que sangra y sin cesar delira
Por ser el buque en marcha de la estrella.

다른 영혼을 느끼고, 과거를 개의치 않고
손등을 쓰다듬는 감촉을
큰 기쁨으로 여기곤 하는 영혼,

방랑하고, 달아나고, 돌아오는 바람처럼
언제나 자기 자신과 불화하는 영혼
별나라를 떠나는 뱃사공이 되어
피를 토하며 끝없는 신열에 들뜨네.

Frente al mar

Oh mar, enorme mar, corazón fiero
De ritmo desigual, corazón malo,
Yo soy más blanda que ese pobre palo
Que se pudre en tus ondas prisionero.

Oh mar, dame tu cólera tremenda,
Yo me pasé la vida perdonando,
Porque entendía, mar, yo me fui dando:
«Piedad, piedad para el que más ofenda».

Vulgaridad, vulgaridad me acosa.
Ah, me han comprado la ciudad y el hombre.
Hazme tener tu cólera sin nombre:
Ya me fatiga esta misión de rosa.

¿Ves al vulgar? Ese vulgar me apena,
Me falta el aire y donde falta quedo,
Quisiera no entender, pero no puedo:
Es la vulgaridad que me envenena.

바다 앞에서

오 바다여, 광활한 바다여, 미친 듯 뛰는
잔인한 심장이여, 야속한 심장이여,
나는 네 파도에 묻혀 썩어가는
그 가엾은 돛대보다도 가련하네.

오 바다여, 네 광포한 분노를 내게 다오,
난 용서만 하며 살아왔어
왜냐하면, 바다야 난 줄곧 기도했지
"자비를, 잘못한 이에게 자비를 베푸소서."

천박, 천박한 것들이 나를 괴롭혀.
아, 도시와 남자가 나를 매수했어.
이름 없는 네 분노를 갖게 해 다오
이제 그 고상한 임무에 지쳐버렸어.

천박한 것들이 보이니? 날 괴롭히는 것,
공기가 부족한 곳에 내가 살고 있네,
이해심을 버리고 싶으나, 그럴 수가 없어
천박함은 내 삶에 독을 타고 있네.

Me empobrecí porque entender abruma,
Me empobrecí porque entender sofoca,
¡Bendecida la fuerza de la roca!
Yo tengo el corazón como la espuma.

Mar, yo soñaba ser como tú eres,
Allá en las tardes que la vida mía
Bajo las horas cálidas se abría…
Ah, yo soñaba ser como tú eres.

Mírame aquí, pequeña, miserable,
Todo dolor me vence, todo sueño;
Mar, dame, dame el inefable empeño
De tornarme soberbia, inalcanzable.

Dame tu sal, tu yodo, tu fiereza.
¡Aire de mar!… ¡Oh, tempestad! ¡Oh enojo!
Desdichada de mí, soy un abrojo,
Y muero, mar, sucumbo en mi pobreza.

이해심에 짓눌려 내 삶이 쪼그라들고
이해심에 숨 막혀 내 삶이 찌그러드네.
강한 심장을 가진 바위는 축복받을지라!
내 심장은 거품 같기만 하네.

바다여, 난 너처럼 되기를 꿈꿨는데,
석양의 오후 뜨거운 시간에
내 삶이 열렸는데…
아, 난 너처럼 되길 꿈꿨는데.

여기를 보렴, 가련한 꼬마 소녀
모든 고통이 날 압도해, 모든 꿈을,
바다여, 내게 다오, 무한의 힘을
당당함을 돌려다오. 끝내 도달할 수 없는.

내게 다오, 너의 소금을, 활력을, 냉혹함을
바다의 바람!… 오, 폭풍이여! 오 분노여!
나는 고뇌 덩어리, 나의 불행이여,
바다여, 가난에 무릎 꿇고 나는 죽어가네

Y el alma mía es como el mar, es eso,
Ah, la ciudad la pudre y la equivoca;
Pequeña vida que dolor provoca,
¡Que pueda libertarme de su peso!

Vuele mi empeño, mi esperanza vuele…
La vida mía debió ser horrible,
Debió ser una arteria incontenible
Y apenas es cicatriz que siempre duele.

내 영혼은 바다 같아, 바로 그것,
아, 도시는 영혼을 썩히고 빗나가게 하네.
고통이 도발하는 연약한 삶,
그 무게에서 부디 나를 풀어주길.

내 인내, 내 희망이 바람에 흩어지네…
내 삶은 분명 끔찍했어,
분출되는 혈기 감당할 수 없었지
이제 상처 딱지로 남아 늘 아프게 하네.

Hombre pequeñito

Hombre pequeñito, hombre pequeñito,
Suelta a tu canario que quiere volar…
Yo soy el canario, hombre pequeñito,
déjame saltar.
Estuve en tu jaula, hombre pequeñito,
hombre pequeñito que jaula me das.
Digo pequeñito porque no me entiendes,
ni me entenderás.
Tampoco te entiendo, pero mientras tanto
ábreme la jaula que quiero escapar;
hombre pequeñito, te amé media hora,
no me pidas más.

작은 남자

작은 남자여, 작은 남자여,
이제 카나리아가 날아가게 놓아 줘…
내가 그 카나리아, 작은 남자여
이제 나를 놔줘.
난 당신 새장에 있었어, 작은 남자여,
나를 새장에 가둔 작은 남자.
당신이 작은 이유? 나를 이해하지 못하니까,
앞으로도 이해하지 못할 거니까.
나 역시 당신을 이해 못 하지, 그러니 어쨌든
새장을 열어줘, 이제 날아가야 하니까,
작은 남자여, 당신을 사랑했던 건 단 30분,
이제 다른 걸 요구하지 말아줘.

Odio

Oh, primavera de las amapolas,
tú que floreces para bien mi casa,
luego que enjoyes las corolas,
pasa.

Beso, la forma más voraz del fuego,
clava sin miedo tu endiablada espuela,
quema mi alma, pero luego,
vuela.

Risa de oro que movible y loca
sueltas el alma, de las sombras, presa,
en cuanto asomes a la boca,
cesa.

Lástima blanda del error amante
que a cada paso el corazón diluye,
vuelca tus mieles y al instante,
huye.

증오

오, 양귀비 흐드러진 봄,
당신이 꽃이 되어 우리 집 꾸며주네요,
그리고 꽃부리에 장식까지 달아주곤,
지나쳐 버려요.

가장 맹렬한 모습의 불길인 입맞춤,
당신의 사악한 박차를 얼결에 박아 놓고,
내 영혼을 불살라 버려요, 그리곤,
날아가 버리네요.

어둠 속 갇혀있던 영혼을 풀어주는
변덕맞고 미칠 듯한 황금 미소,
입가에 비치는 듯하더니
멈춰 버려요.

잘못된 만남의 부드러운 탄식
매번 마음을 시리게 하죠,
당신 꿀통 쏟아 버리더니, 갑자기,
도망가 버리네요.

Odio tremendo, como nada fosco,

odio que truecas en puñal la seda,

odio que apenas te conozco,

queda.

지루할 틈 없는 엄청난 증오,
유월에 서리를 내리게 하는 증오,
당신 알면서 생긴 증오,
그냥 남아 있어요.

Paz

Vamos hacia los árboles… el sueño
Se hará en nosotros por virtud celeste.

Vamos hacia los árboles; la noche
Nos será blanda, la tristeza leve.

Vamos hacia los árboles, el alma
Adormecida de perfume agreste.

Pero calla, no hables, sé piadoso;
No despiertes los pájaros que duermen.

평화

우리 모두 나무로 뛰어가자… 꿈은
하늘의 도우심으로 우리에게 이루어질 거야.
우리 모두 나무로 뛰어가자, 밤은
우리에게 부드러워지고, 슬픔은 가벼워질 거야.

우리 모두 나무로 뛰어가자, 영혼은
야생의 향기에 취해 잠이 들 거야.
그런데 조용히, 입을 다물어, 경건하게,
잠자는 새들을 깨우면 안 된단다.

Peso ancestral

Tú me dijiste: no lloró mi padre;
tú me dijiste: no lloró mi abuelo;
no han llorado los hombres de mi raza,
eran de acero.

Así diciendo te brotó una lágrima
y me cayó en la boca; más veneno
yo no he bebido nunca en otro vaso así pequeño.

Débil mujer, pobre mujer que entiende,
dolor de siglos conocí al beberlo.
Oh, el alma mía soportar no puede
todo su peso.

혈통의 무게

당신은 내게 말했지, 우리 아버지는 울지 않았어.
당신은 내게 말했지, 우리 할아버지는 울지 않았어.
우리 인종의 남자들은 결코 우는 법이 없지.
강철로 된 사람들이니.

이렇게 말하는 당신 뺨 위로 눈물 한 방울 솟아 나와,
그리곤 내 입 안으로 떨어졌어… 그토록 작은 잔에서
그토록 많은 독기를 맛아본 적이 있던가.

나처럼 약한 여자, 알 만큼 아는 가련한 여자,
그 맛을 보는 순간 깨닫게 됐어, 세월의 고통을.
아! 내 영혼은 감당할 수 없어
그 모든 혈통의 무게를.

Un sol

Mi corazón es como un dios sin lengua,
mudo se está a la espera del milagro,
he amado mucho, todo amor fue magro,
que todo amor lo conocí con mengua.

He amado hasta llorar, hasta morirme.
Amé hasta odiar, amé hasta la locura,
pero yo espero algún amor-natura
capaz de renovarme y redimirme.

Amor que fructifique mi desierto
y me haga brotar ramas sensitivas,
soy una selva de raíces vivas,
sólo el follaje suele estarse muerto.

¿En dónde está quien mi deseo alienta?
¿Me empobreció a sus ojos el ramaje?
Vulgar estorbo, pálido follaje
distinto al tronco fiel que lo alimenta.

햇살

내 심장은 마치 침묵하는 신 같아,
기적을 기다리며 입을 다문다.
그토록 사랑했는데 야위어 버리고,
그 많던 사랑이 하나둘 떠나갔지.

목놓아 울 만큼, 죽을 만큼 사랑했어,
증오할 만큼, 미칠 정도로 사랑했어,
하지만 날 다시 일으키고 구원해 줄
진정한 사랑의 본성을 기다려야지.

불모의 사막에 열매 맺게 할 사랑,
감성의 가지를 싹 트게 할 사랑,
나의 밀림에는 뿌리 깊은 나무들
하지만 이파리는 시들어 죽어가네.

내 욕망을 살려줄 사람은 어디 있을까?
그의 눈에 내 가지가 빈약해 보였을까?
자길 먹여 살리는 단단한 줄기와 다른
창백한 이파리가 저속한 방해꾼일까?

¿En dónde está el espíritu sombrío

de cuya opacidad brote la llama?

Ah, si mis mundos con su amor inflama

yo seré incontenible como un río.

¿En dónde está el que con su amor me envuelva?

Ha de traer su gran verdad sabida…

Hielo y más hielo recogí en la vida:

Yo necesito un sol que me disuelva.

그 회색 공간에서 불꽃이 타오르는
어둠 속의 영혼은 어디 있을까?
아, 만일 내 세계가 사랑으로 불붙는다면
난 봇물처럼 터져 나올 텐데.

사랑으로 날 감싸줄 그 사람은 어디 있을까?
잘 알려진 그 위대한 진리를 알려줄 텐데…
내 삶에 쌓인 건 차디찬 서리와 얼음뿐,
내게 필요한 건 그걸 녹여줄 한 줄기 햇살.

4

Languidez
나른함(1920)

La caricia perdida

Se me va de los dedos la caricia sin causa,
se me va de los dedos... En el viento, al pasar,
la caricia que vaga sin destino ni objeto,
la caricia perdida ¿quién la recogerá?

Pude amar esta noche con piedad infinita,
pude amar al primero que acertara a llegar.
Nadie llega. Están solos los floridos senderos.
La caricia perdida, rodará... rodará...

Si en los ojos te besan esta noche, viajero,
si estremece las ramas un dulce suspirar,
si te oprime los dedos una mano pequeña
que te toma y te deja, que te logra y se va.

Si no ves esa mano, ni esa boca que besa,
si es el aire quien teje la ilusión de besar,
oh, viajero, que tienes como el cielo los ojos,
en el viento fundida, ¿me reconocerás?

길 잃은 손길

떠나네요, 이유 없이, 내 손마디 감촉 버려두고.
떠나네요, 손길 뒤로 하고… 정처 없이, 상대도 없이
바람 부는 대로 방황하는 이 손길
길 잃은 손길, 누가 그 감촉 느낄까요?

오늘 밤 한없이 다정하게 사랑할 수 있었죠.
날 찾는 첫 사내 사랑해 줄 수 있었어요.
오는 이는 없고, 꽃핀 오솔길은 적막하군요.
길 잃은 손길, 그냥 굴러다니겠지요…

방랑자여, 오늘 밤 누군가 당신 두 눈에 키스해요
달콤한 한숨이 나뭇가지들 떨게 할 거예요,
자그마한 손 하나가 당신 손가락을 감싸고는,
그냥 놓아주지요, 당신 두고 가버리지요.

그 손길, 그 입맞춤, 당신은 몰라보겠지만,
미풍 속에 입맞춤의 환상이 느껴진다면,
오, 방랑자여, 하늘색 눈동자를 가진 당신
바람에 실려 간 내 손길 알아보실까요?

Han venido

Hoy han venido a verme
mi madre y mis hermanas.

Hace tiempo que yo estaba sola
con mis versos, mi orgullo…casi nada.

Mi hermana, la más grande, está crecida,
es rubiecita; por sus ojos pasa
el primer sueño: he dicho a la pequeña:
-La vida es dulce. Todo mal acaba…

Mi madre ha sonreído como suelen
aquellos que conocen bien las almas;
ha puesto sus dos manos en mis hombros,
me ha mirado muy fijo…
Y han saltado mis lágrimas.

Hemos comido juntas en la pieza
más tibia de la casa,
Cielo primaveral…para mirarlo

방문

엄마와 언니와 여동생
오늘 나를 보러 왔다.

오랜 시간 난 홀로 있었다.
나의 시와, 자존심과… 사실 아무것도 가진 것 없이.

언니는 어느덧 성숙한 처녀가 되어 있었다.
금발의 머리를 가진 그녀의 눈동자를 통해
어린 시절의 꿈들이 지나갔다. 난 동생에게 말했지.
"인생은 달콤해. 하지만 끝내 비극이야."

엄마는 미소를 지었다. 어쩜
영혼을 잘 아는 사람들이 하는 것처럼.
그녀는 자기 손을 내 어깨에 얹었고,
나를 오랫동안 바라보았다.
그리고 나는 갑자기 눈물을 떨구었다.

우리는 함께 밥을 먹었다. 이 집
가장 따뜻한 공간에서.
봄날의 하늘…

fueron abiertas todas las ventanas.

y mientras conversábamos tranquilas
De tantas cosas viejas y olvidadas,
Mi hermana, la menor, ha interrumpido:
-Las golondrinas pasan…

모든 창문 열려있어서 우리는 그것을 볼 수 있었다.

오랜 세월 잊었던 그 많은 얘기를
도란도란 나누는데,
동생이 불쑥 말했다
"저기 제비들이 날아가네…"

Letanías de la tierra muerta

Llegará un día en que la raza humana
Se habrá secado como planta vana,

Y el viejo sol en el espacio sea
Carbón inútil de apagada tea.

Llegará un día en que el enfriado mundo
Será un silencio lúgubre y profundo:

Una gran sombra rodeará la esfera
Donde no volverá la primavera;

La tierra muerta, como un ojo ciego,
Seguirá andando siempre sin sosiego,

Pero en la sombra, a tientas, solitaria,
Sin un canto, ni un ¡ay!, ni una plegaria.

Sola, con sus criaturas preferidas
En el seno cansadas y dormidas.

지구의 죽음에 바치는 기도

언젠가 그날이 오리라
죽은 포도 넝쿨처럼 인류가 말라비틀어질 날이,

그리고 빛바랜 태양은 쓸모없을 것이다.
마치 타다 남은 향로의 재처럼

언젠가 그날이 오리라
세계가 온통 얼어붙은 채 깊고 슬픈 적막에 잠길 때가,

거대한 어둠이 세상을 감싸고
봄은 다시 돌아오지 않으리라.

마치 두 눈 잃은 소경처럼 죽은 대지는
안식처 없이 영원히 떠돌아다니겠지.

발길을 더듬어 홀로 어둠을 헤매지만
어떤 진혼곡도, 기도도, 한 줌의 탄식도 없으리라.

홀로 외로이, 지쳐 잠든
사랑하는 자식들을 품에 안고.

(Madre que marcha aún con el veneno
de los hijos ya muertos en el seno.)

Ni una ciudad de pie… Ruinas y escombros
Soportará sobre los muertos hombros.

Desde allí arriba, negra la montaña
La mirará con expresión huraña.

Acaso el mar no será más que un duro
Bloque de hielo, como todo oscuro.

Y así, angustiado en su dureza, a solas
Soñará con sus buques y sus olas,

Y pasará los años en acecho
De un solo barco que le surque el pecho.

Y allá, donde la tierra se le aduna,

(죽은 품속 자식들의 독기를 마시며
헤매는 어머니처럼.)

그 어떤 도시도 살아남지 못하고… 지구는
폐허와 쓰레기 더미를 죽은 어깨 위에 짊어지리라.

저 멀리서 검은 산들이
무덤덤이 도시를 내려 볼 것이다.

아마도 바다는 주위 모든 것처럼 검고
단단한 얼음덩어리에 지나지 않으리라.

그리고 꼼짝하지 못하는 바다는 비탄에
빠져 넘쳐나던 배들과 파도를 회상하리라.

그리고 자신의 물길을 가로지를 한 척의 배를
기다리며 세월은 흘러갈 것이다.

그리고 저기 바다와 땅이 맞닿은 곳에는

Ensoñará la playa con la luna,

Y ya nada tendrá más que el deseo,
Pues la luna será otro mausoleo.

En vano querrá el bloque mover bocas
Para tragar los hombres, y las rocas

Oír sobre ellas el horrendo grito
Del náufrago clamando al infinito:

Ya nada quedará; de polo a polo
Lo habrá barrido todo un viento solo:

Voluptuosas moradas de latinos
Y míseros refugios de beduinos;

Oscuras cuevas de los esquimales
Y finas y lujosas catedrales;

해변이 달을 꿈꾸고 있으리라.

그러나 이제 헛된 희망에 지나지 않으리라.
달은 또 다른 무덤이 될 것이기에.

얼음덩어리는 입을 벌려 사람들과 바위들을
삼키려 헛된 시도를 할 것이다.

난파선 선원들이 영원을 향해 부르짖는
무시무시한 절규를 들어보라.

이제 남은 것은 없으리라, 남극에서 북극까지
모든 걸 쓸어버리는데 한 줄기 바람이면 충분하리라.

로마인들의 퇴폐적인 궁전도
베두인족의 허름한 오두막도

에스키모의 침침한 얼음집도
섬세하고 화려한 대성당도

Y negros, y amarillos y cobrizos,
Y blancos y malayos y mestizos

Se mirarán entonces bajo tierra
Pidiéndose perdón por tanta guerra.

De las manos tomados, la redonda
Tierra, circundarán en una ronda.

Y gemirán en coro de lamentos:
-¡Oh cuántos vanos, torpes sufrimientos!

-La tierra era un jardín lleno de rosas
Y lleno de ciudades primorosas;

-Se recostaban sobre ríos unas,
Otras sobre los bosques y lagunas.

-Entre ellas se tendían finos rieles,
Que eran a modo de esperanzas fieles,

흑인들, 아시아인들, 구릿빛 인종
백인들, 말레이인들, 메스티소들

그들 모두 지하세계에서 만나
그 많은 전쟁에 서로 용서를 청하리라.

손에 손잡고 그들은 원을 그리며
지구 전체를 둘러쌀 것이다.

애절한 노래를 입을 모아 부르며 탄식하리라,
"오, 이 무슨 부질없는 어리석은 고통인가!

지구는 만발한 장미꽃과 찬란한 도시들
가득 찬 정원이었다.

어떤 건 강가에
또 어떤 건 숲과 호수를 따라 일어섰다.

마치 희망의 실마리처럼
촘촘한 철도망이 그들 사이로 뻗어나갔다.

-Y florecía el campo, y todo era
Risueño y fresco como una pradera;

-Y en vez de comprender, puñal en mano
Estábamos, hermano contra hermano;

-Calumniábanse entre ellas las mujeres
Y poblaban el mundo mercaderes;

-Íbamos todos contra el que era bueno
A cargarlo de lodo y de veneno...

-Y ahora, blancos huesos, la redonda
Tierra rodeamos en hermana ronda.

-Y de la humana, nuestra llamarada,
¡Sobre la tierra en pie no queda nada!

Pero quién sabe si una estatua muda

들판에는 꽃이 만발하고 마치 목장처럼
모든 것이 즐겁고 신선했다.

그런데 서로를 이해하는 대신, 우리는
손에 칼을 들고 형제끼리 맞서 일어났다.

여자들은 서로를 비방하고
장사꾼들이 지구를 장악했다.

선한 사람이 나오면 우리 모두 증오하며
진흙탕에 빠트리고 독침을 쏘려 했다.

이제, 모두 백골이 된 지금
형제애 팔짱을 끼고 둥근 지구를 둘러싼다.

이제 순간의 화염과 함께
이 땅에 서 있는 건 아무도 없다."

하지만 누가 알겠는가, 말 없는 동상 하나

De pie no quede aún sola y desnuda.

Y así, surcando por las sombras, sea
El último refugio de la idea.

El último refugio de la forma
Que quiso definir de Dios la norma

Y que, aplastada por su sutileza,
Sin entenderla, dio con la belleza.

Y alguna dulce, cariñosa estrella,
Preguntará tal vez: -¿Quién es aquélla?

-¿Quién es esa mujer que así se atreve,
Sola, en el mundo muerto que se mueve?

Y la amará por celestial instinto
Hasta que caiga al fin desde su plinto.

홀로 벌거벗은 채 살아남을지.

그리고 어둠 속을 가르며
이데아의 마지막 피난처가 될지.

신의 규범이 규정하려 했던
형상의 마지막 피난처,

그리고 너무도 연약해 짓밟히지만,
자기도 모르게 아름다움을 풍기는 그 형상.

그리고 어느 감미롭고 사랑스러운 별이
이렇게 물으리라, "이 여인은 누구인가?

죽음의 세계를 홀로 용감히 가로지르는
이 여인은 누구인가?"

별은 천상의 본능으로 그녀를 사랑하리라
그녀가 결국 기둥에서 떨어지는 순간까지.

Y acaso un día, por piedad sin nombre
Hacia esta pobre tierra y hacia el hombre,

La luz de un sol que viaje pasajero
Vuelva a incendiarla en su fulgor primero,

Y le insinúe: Oh fatigada esfera:
¡Sueña un momento con la primavera!

-Absórbeme un instante: soy el alma
Universal que muda y no se calma...

¡Cómo se moverán bajo la tierra
Aquellos muertos que su seno encierra!

¡Cómo pujando hacia la luz divina
Querrán volar al que los ilumina!

Mas será en vano que los muertos ojos
Pretendan alcanzar los rayos rojos.

그리고 아마도 어느 날 뜻밖의 은총으로
이 가련한 대지와 인간을 향해

방황하는 태양의 광채가 비치며
지상의 온기를 되살려 주리라.

그러면서 이렇게 속삭이겠지, "오, 지친 지구여,
잠시라도 봄날을 한번 꿈꿔보렴!

나를 잠시 빨아들여 봐, 나는
결코 쉬는 법 없이 변화하는 우주의 영혼…"

지구의 품 안에 묻힌 죽은 이들,
그들은 어떻게 지하의 세계에서 움직일까!

천상의 빛을 향해 다가가면서
어떻게 그 빛을 발하는 별에 도약할까!

하지만 죽은 이의 눈동자가 붉은 광선에
도달하려는 건 부질없는 짓일거야.

¡En vano! ¡En vano!... ¡Demasiado espesas
Serán las capas, ay, sobre sus huesas!...

Amontonados todos y vencidos,
Ya no podrán dejar los viejos nidos,

Y al llamado del astro pasajero,
Ningún hombre podrá gritar: ¡Yo quiero!...

부질없고 부질없는 일! 그들의 백골을 덮은
황토층이 너무도 두껍구나

함께 묻혀 켜켜이 쌓인 그들
더 이상 옛 둥지를 벗어나지 못하리라.

그리고 지나는 별똥별의 부름에도
아무도 이렇게 외치지조차 못하리라, "나가고 싶어!"

Queja

Señor, mi queja es ésta,
Tú me comprenderás;
De amor me estoy muriendo,
Pero no puedo amar.

Persigo lo perfecto
En mí y en los demás,
Persigo lo perfecto
Para poder amar.

Me consumo en mi fuego,
¡Señor, piedad, piedad!
De amor me estoy muriendo,
¡Pero no puedo amar!

불만

주님, 제 불만은 이겁니다,
아마 저를 이해하실 거예요.
저는 사랑하고 싶어 죽겠어요,
그런데 사랑할 수 없네요.

저는 완벽함을 추구해요
제게도, 다른 사람에게도,
저는 완벽함을 추구해요
사랑을 하기 위해.

저는 불꽃에 스스로를 태워버려요,
주님, 자비를, 자비를!
저는 사랑하고 싶어 죽겠어요,
그런데 사랑할 수 없네요!

Siglo XX

Me estoy consumiendo en vida,
Gastando sin hacer nada,
Entre las cuatro paredes
Simétricas de mi casa.

¡Eh, obreros! ¡Traed las picas!
Paredes y techos caigan,
Me mueva el aire la sangre,
Me queme el sol las espaldas.

Mujer soy del siglo XX;
Paso el día recostada
Mirando, desde mi cuarto,
Cómo se mueve una rama.

Se está quemando la Europa
Y estoy mirando sus llamas
Con la misma indiferencia
Con que contemplo esa rama.

20세기

내 삶이 고갈되고 있다,
우리 집 네모난 벽에
둘러싸인 채
하는 일 없이 빈둥대면서

아, 일꾼들이여! 곡괭이를 갖다줘!
지붕과 벽이 허물어지도록,
공기가 내 혈관을 통하도록,
태양이 두 어깨를 태워 버리도록.

나는 20세기 여자.
종일 비스듬히 누워
나뭇가지가 어떻게 흔들리는지
창문을 통해 바라본다.

유럽이 불타고 있다.
그리고 난 그 불길을 바라본다.
그냥 무심하게,
마치 나뭇가지를 바라보듯이.

Tú, el que pasas; no me mires
De arriba a abajo; mi alma
Grita su crimen, la tuya
Lo esconde bajo palabras.

당신, 내 앞을 지나치는 행인이여
날 그렇게 아래위로 쳐다보지 마시라,
내 영혼은 그 범죄에 절규하고 있지만
당신은 말만 나불거리며 은폐하고 있으니.

5

Ocre

황토(1925)

Dolor

Quisiera esta tarde divina de octubre
pasear por la orilla lejana del mar;

que la arena de oro, y las aguas verdes,
y los cielos puros me vieran pasar.

Ser alta, soberbia, perfecta, quisiera,
como una romana, para concordar

con las grandes olas, y las rocas muertas
y las anchas playas que ciñen el mar.

Con el paso lento, y los ojos fríos
y la boca muda, dejarme llevar;

ver cómo se rompen las olas azules
contra los granitos y no parpadear;

ver cómo las aves rapaces se comen
los peces pequeños y no despertar;

고통

오늘처럼 신성한 시월의 오후에는
저 멀리 바닷가를 걷고 싶어라

황금빛 모래와 푸른 바닷물, 그리고
순수한 하늘이 나를 지켜보리라.

늘씬하고, 당당하고, 완벽하고 싶어라,
마치 로마의 여인처럼, 커다란 파도,

버려진 바위섬들, 그리고 바다를
에워싼 드넓은 해변과 하나 되기 위해.

느릿한 발걸음, 차가운 눈, 그리고
아무 말 없이, 정처 없이 떠밀려 보리라.

바닷가 바위에 푸른 파도가 부딪혀 어떻게
부서지는지 보면서, 그래도 눈 깜빡하지 않으리라.

날렵한 바닷새가 작은 물고기를 어떻게
낚아채는지 보면서, 그래도 일어나지 않으리라.

pensar que pudieran las frágiles barcas
hundirse en las aguas y no suspirar;

ver que se adelanta, la garganta al aire,
el hombre más bello, no desear amar…

Perder la mirada, distraídamente,
perderla y que nunca la vuelva a encontrar:

Y, figura erguida, entre cielo y playa,
sentirme el olvido perenne del mar.

가냘픈 돛단배 한 척 바닷물에 휩쓸리고 말겠다고
생각하면서, 그래도 한숨 쉬지 않으리라

아주 멋진 사내가 고개를 꼿꼿이 세우고
앞서 걷는 것을 보면서, 그래도 사랑은 않으리라…

멍하니 시선을 잃어버린 채,
그 잃어버린 시선, 두 번 다시 찾지 않으리라

그리고 하늘과 해변 사이 한 점이 되어
바다의 영원한 망각으로 들어가리라.

El engaño

Soy tuya, Dios lo sabe por qué, ya que comprendo
que habrás de abandonarme, fríamente, mañana,
y que bajo el encanto de mis ojos, te gana
otro encanto el deseo, pero no me defiendo.

Espero que esto un día cualquiera se concluya,
pues intuyo, al instante, lo que piensas o quieres.
Con voz indiferente te hablo de otras mujeres
y hasta ensayo el elogio de alguna que fue tuya.

Pero tú sabes menos que yo, y algo orgulloso
de que te pertenezca, en tu juego engañoso
persistes, con un aire de actor del papel dueño.

Yo te miro callada con mi dulce sonrisa,
y cuando te entusiasmas, pienso: no te des prisa.
No eres tú el que me engaña; quien me engaña es mi sueño.

거짓

난 당신 것, 하느님도 이유를 아시지, 내일이라도
차갑게 나를 버릴지도 모른다는 걸 알면서도,
내 눈의 매력에 끌린다면서 이미 다른 이의 매력에
욕망이 향하는 걸 알면서도, 그런데도 난 어쩔 수 없거든.

이제 언젠가는 이런 관계 끝내면 좋겠어,
내겐 당신이 생각하고 원하는 것이 보이니까.
담담한 척 당신에게 다른 여자들 얘기를 하고
심지어 당신 여자였던 이를 치켜세우기도 하지.

하지만 당신은 나보다 몰라, 내가 당신 것이라고
우쭐거리며, 천박한 거짓말 놀이를 이어가려 하지,
마치 주어진 대본만 읽는 배우라도 된 것처럼.

나는 부드러운 미소로 당신을 조용히 바라봐,
시선 마주치면 이렇게 생각해, 아직은 서두르지 말아요.
날 속이는 건 당신이 아니야, 날 속이는 건 나의 꿈.

Inútil soy

Por seguir de las cosas el compás,
A veces quise, en este siglo activo,
Pensar, luchar, vivir con lo que vivo,
Ser en el mundo algún tornillo más.

Pero, atada al ensueño seductor,
De mi instinto volví al oscuro pozo,
Pues, como algún insecto perezoso
Y voraz, yo nací para el amor.

Inútil soy, pesada, torpe, lenta.
Mi cuerpo, al sol, tendido, se alimenta
Y sólo vivo bien en el verano,

Cuando la selva huele y la enroscada
Serpiente duerme en tierra calcinada;
Y la fruta se baja hasta mi mano.

나는 쓸모없는 여자

만물의 흐름에 맞춰 살아가기 위해
이 시끄러운 시대에 난 때때로 소망했다.
생각하고, 싸우고, 주변과 더불어
살아가기를, 세상에 쓸모가 있기를.

그러나 날 유혹하는 꿈에 사로잡혀
난 본능의 검은 구멍으로 돌아왔다.
게으르고 탐욕스러운 벌레처럼
나는 사랑을 위해 태어났거든.

나는 쓸모없는 여자, 살찌고 굼뜨고 촌스럽지.
내 몸은 햇빛 아래 늘어져, 양식을 섭취한다.
그리고 여름철이 되어야만 먹고살 만하다.

밀림이 향내를 뿌리고, 똬리 튼 뱀이
메마른 땅 위에서 잠을 청하고,
무르익은 과일이 입안에 떨어지거든.

Palabras a mi madre

No las grandes verdades yo te pregunto, que
No las contestarías; solamente investigo
Sí, cuando me gestaste, fue la luna testigo,
Por los oscuros patios en flor, paseándose.

Y sí, cuando en tu seno de fervores latinos,
Yo escuchando dormía, un ronco mar sonoro
Te adormeció las noches, y miraste en el oro
Del crepúsculo, hundirse los pájaros marinos.

Porque mi alma es toda fantástica, viajera
Y la envuelve una nube de locura ligera
Cuando la luna nueva sube al cielo azulino.

Y gusta si el mar abre sus fuertes pebeteros.
Arrullada en un claro cantar de marineros
Mirar las grandes aves que pasan sin destino.

엄마에게

엄청난 진실을 묻는 게 아니에요, 엄마가
말해 주지도 않을 테니까요. 그냥 알고 싶어요.
제가 엄마 뱃속에서 꽃이 만발한 어두운 정원을
거닐 때, 달님이 그 증인이었는지.

그리고 라틴 열정을 가진 엄마 뱃속에서
거친 바다의 노랫소리를 들으며 잠들었을 때
그것이 당신도 달래어 잠들게 해주었는지,
그리고 황금빛 석양에 곤두박질치는 바닷새를 보았는지.

왜냐하면 초승달이 푸르스름한 하늘로 떠오를 때면
제 영혼은 온통 환상에 젖은 방랑자가 되고
어릿광대 같은 구름이 영혼을 감싸주거든요.

그리고, 바다가 강한 향기를 내뿜을 때마다
선원들의 청량한 노랫소리에 몸을 맡긴 저는
정처 없이 날아가는 철새들 바라보는 게 그냥 좋거든요.

Tú, que nunca serás

Sábado fue, y capricho el beso dado,
capricho de varón, audaz y fino,
mas fue dulce el capricho masculino
a este mi corazón, lobezno alado.

No es que crea, no creo, si inclinado
sobre mis manos te sentí divino,
y me embriagué. Comprendo que este vino
no es para mí, mas juega y rueda el dado.

Yo soy esa mujer que vive alerta,
tú el tremendo varón que se despierta
en un torrente que se ensancha en río,

y más se encrespa mientras corre y poda.
Ah, me resisto, más me tiene toda,
tú, que nunca serás del todo mío.

내 것 아닌 당신

토요일이었어요, 그리고 마음 없는 키스
깍듯하지만 낯 두꺼운 남자의 변덕,
그러나 꼬리 달린 여우 내 가슴에는,
남자의 변덕도 달콤하기만 하지요.

그렇다고 믿는 건 아니죠, 믿다니요, 내 손으로
당신을 만지고 황홀해하고 취할지라도
난 알아요, 이 잔은 내 잔이 아니라는 걸
그냥 장난이고 주사위 놀이일 뿐이죠.

난 그냥 소심하게 사는 여자
당신은 강물로 합류하는 급류에서
깨어나는 맹렬한 사내

칼을 휘두르며 내달리면 머리칼이 곤두서죠.
아, 난 저항하지만, 그래도 내 맘이 뺏기네요,
그래도 나만 차지할 순 없는 당신.

6

Mundo de siete pozos

일곱 개의 샘이 있는 세계(1934)

Buques

Sobre la plancha

violeta del río

tres buques negros

parten hacia el horizonte.

No los veo moverse

pero, a cada instante,

se empequeñecen más.

¿Es el río

un sueño malva?

¿El cielo un sueño

azul pálido?

¿La selva de casas

un sueño de oro?

Una mano invisible

empuja los buques

hacia desconocidos

muelles.

¿Van a emigrar

de la tierra

증기선

강물의
보랏빛 수면 위로
세 척의 검은 증기선
수평선을 향해 나아간다.
움직임을 볼 수 없지만
시시각각
그들은 작아진다.
강물은
접시꽃 꿈이던가?
하늘은 창백하게
푸르른 꿈이던가?
밀림을 이루는 집들은
황금빛 꿈이던가?
보이지 않는 손이
미지의
선착장을 향해
배를 이끈다.

그들은 침묵 속에
이 땅을

en silencio?

Sus penachos de humo

trazan signos

sobre el telón azul

del más allá.

Pero el aire

los despeina y heshace

y las palabras

no pueden leerse...

떠나는 중이던가?
그들이 내뿜는 연기는
저 너머 펼쳐진
푸른 커튼 위에
자국을 남긴다.
그러나 바람은
그것을 흩어놓고,
이제 글씨는
읽히지 않는다.

Momento

Una ciudad hecha de huesos grises
se abandona a mis pies.

Como tajos negros,
las calles,
separan el osario, lo cuadriculan,
lo ordenan, lo levantan.

En la ciudad, erizada de dos millones de hombres,
no tengo un ser amado…

El cielo, más gris aún
que la ciudad,
desciende sobre mí,
se apodera de mi vida,
traba mis arterias,
apaga mi voz…

Como un torbellino,
no obstante.

순간

희끄무레한 백골의 도시
내 발치에 버려져 있다.

검은 톱날처럼
찻길은
뼛가루를 모아놓고
갈라놓은 다음 일으켜 세운다.

이백만 인간 가득 찬 도시에
내 사랑 한 명 없구나…

심지어 도시보다
더 회색으로 물든 하늘은,
내게로 내려와,
내 삶을 지배하고,
내 핏줄 묶어버리고,
내 목소리 꺼버린다…

그러나,
마치 빠져나올 수 없는

al que no puedo substraerme.

el mundo gin alrededor

de un punto muerto:

mi corazón.

회오리바람처럼,
세계가 빙빙 돈다.
극한의 한 점,
내 심장 주위로.

Razones y paisajes de amor

I. AMOR

Baja del cielo la endiablada punta
Con que carne mortal hieres y engañas.
Untada viene de divinas mañas
y cielo y tierra su veneno junta.

La sangre de hombre que en la herida apunta
florece en selvas: sus crecidas cañas
de sombras de oro, hienden las entrañas
del cielo prieto, y su ascender pregunta.

En su vano aguardar de la respuesta
las cañas doblan la empinada testa.
Flamea el cielo sus azules gasas.

Vientos negros, detrás de los cristales
de las estrellas, mueven grandes masas
de mundos muertos, por sus arrabales.

사랑의 이유와 풍경

I. 사랑

사악한 혀가 하늘에서 나불거리며 내려와
죽을 운명의 육신을 속이고 상처를 낸다.
신기한 마법의 기술을 습득한
그 독기는 하늘과 땅도 결합한다.

상처에서 솟는 인간의 피가
정글에 꽃을 피운다. 잘 자란 줄기들은
황금빛 그림자를 드리우며 검은 하늘의
내장을 가르고 거듭 응답을 기다린다.

오지 않을 대답을 헛되이 기다리며
줄기들은 뻣뻣이 쳐든 고개를 숙이고,
하늘은 파란색 망사를 내뿜는다.

수정과도 같은 별빛 뒤로는 검은
바람이 죽어버린 세계의 거대한
찌꺼기들을 주변으로 치워버린다.

II. OBRA DE AMOR

Rosas y lirios ves en el espino;
juegas a ser: te cabe en una mano,
esmeralda pequeña, el océano;
hablas sin lengua, enredas el destino.

Plantas la testa en el azul divino
y antípodas, tus pies, en el lejano
revés del mundo; y te haces soberano,
y desatas al sol de tu camino.

Miras el horizonte y tu mirada
hace nacer en noche la alborada;
sueñas y crean hueso tus ficciones.

Muda la mano que te alzaba en vuelo,
y a tus pies cae, cristal roto, el cielo,
y polvo y sombra levan sus talones.

II. 사랑의 작업

가시덤불에서 넌 장미와 백합을 본다.
넌 게임을 하지. 네 손바닥에는
작은 에메랄드, 바다가 들어간다.
너는 혀 없이도 말하고 운명을 꼬이게 한다.

너는 푸르고 신성한 하늘에 머리를,
저 멀리 세상 반대편에는 두 다리를
박아 놓는다. 그리고 너는 제왕이 되어
길을 비추는 태양을 날려 보낸다.

멀리 지평선을 지켜보던 네 시선은
밤을 벗어나 새벽을 탄생케 한다.
잠에 빠진 네 꿈 이야기는 현실을 만들어낸다.

널 하늘에 띄우던 손은 조용해지고,
네 발치에 떨어진 유리잔이 깨진다. 하늘,
먼지, 그리고 어둠이 발돋움한다.

III. PAISAJE DE AMOR MUERTO

Ya te hundes, sol; mis aguas se coloran
de llamaradas por morir; ya cae
mi corazón desenhebrado, y trae,
la noche, filos que en el viento lloran.

Ya en opacas orillas se avizoran
manadas negras; ya mi lengua atrae
betún de muerte; y ya no se distrae
de mí, la espina; y sombras me devoran.

Pellejo muerto, el sol, se tumba al cabo
Como un perro girando sobre el rabo,
la tierra se echa a descansar, cansada.

Mano huesosa apaga los luceros:
Chirrían, pedregosos sus senderos,
con la pupila negra y descarnada.

III. 사랑이 죽은 풍경

태양아, 넌 이미 지고 있구나. 내 바닷물은
죽음의 강렬한 황혼에 물든다. 이제
바람 빠진 내 심장도 땅에 떨어지고,
바람 속에 우는 문짝은 밤을 부른다.

이제 어두운 강가에는 검은 무리의 짐승이
틈을 노리고, 내가 내뱉는 말은 메스꺼운
죽음의 냄새를 끌어당긴다. 나는 이제
무방비, 마침내 어둠이 나를 삼켜버린다.

껍질만 남은 태양은 마침내 무릎을 꿇는다.
꼬리 물기 하다가 나가떨어진 강아지처럼,
지친 대지는 안식을 찾아 주저앉는다.

뼈만 남은 손은 별빛을 꺼버리고
자갈 가득한 오솔길은 핏기없는
검은 눈동자로 삐걱대는 소리를 낸다.

Retrato de un muchacho que se llama Sigfrido

Tu nombre suena
como los cuernos de caza
despertando las selvas vírgenes.

Y tu nariz aleteante,
triángulo de cera vibrátil,
es la avanzada
de tu beso joven.

Tu piel morena
rezuma
cantos bárbaros.

Pero tu mirada de aguilucho,
abridora simultánea
de siete caminos,
es latina.

Y tu voz
untada de la humedad del Plata,

지크프리트라 불리는 청년의 초상

너의 이름이 울린다,
원시림을 깨우는
사냥터 뿔고동처럼.

그리고 고고한 네 코는
진동하는 삼각형의 밀랍,
그것은 푸르른
네 입맞춤의 전위대

너의 구릿빛 피부는
야만족의 노래를
내뿜지만

일곱 개의 문을
동시에 열어젖히는
너의 독수리 눈매는
라틴족의 것.

그리고, 플라타강의 습기를
머금은 네 목소리는

ya es criolla.

Te curva las arterias
el agua del Rhin.

El tango
te desarticula
la voluntad.

Y el charleston
te esculpe
el cuerpo.

Tus manos.
heridas de intrincados caminos,
son la historia
de una raza
de amadores.

En tu labio

이제 크리오요의 표징.

라인강의 물길이
네 동맥을 흐르고

탱고는
네 의지를
둔하게 한다.

그리고 찰스턴 댄스는
너의 몸에
침을 뱉는다.

얼키설키 꼬인 길에 상처 입은
네 손은
사랑꾼
민족의
역사

피가 흐르는

de sangre huyente
el grito de las walkirias
se estremece todavía.

Tu cuello es un pedúnculo
quebrado por tus sueños.

De tu pequeña cabeza
fina
emergen ciudades heroicas.

No he visto tu corazón:
debe abrirse
en largos pétalos
grises.

He visto tu alma:
lágrima
ensanchada en mar azul:
al evaporarse

네 입술에는 아직도
발키리 여신들의 함성
쩌렁쩌렁하고

너의 목은 네 꿈에 의해
꺾여버린 꽃자루

준수한
네 작은 머리에서는
영웅적인 도시들이 솟아오른다.

네 심장을 보지 않았으나
회색빛
긴 꽃잎 위에
분명 열리리라.

네 영혼을 보았으니
푸른 바다에 뿌려진
눈물,
무한으로 증발하며

el infinito se puebla
de lentas colinas malva.

Tus piernas
no son las columnas
del canto salomónico:
suavemente se arquean
bajo la cadena de hombres
que te precedió.

Tienes un deseo: morir.
Y una esperanza: no morir.

나지막한 언덕은
접시꽃으로 뒤덮인다.

네 두 다리는
솔로몬 성전의
기둥이 아니야,
그것은 너를 앞서간
인간 사슬 아래
부드럽게 휘어진다.

너의 욕망은 죽는 것.
너의 소망은 죽지 않는 것.

Yo en el fondo del mar

En el fondo del mar

hay una casa de cristal.

A una avenida

de madréporas

da.

Un gran pez de oro,

a las cinco,

me viene a saludar.

Me trae

un rojo ramo

de flores de coral.

Duermo en una cama

un poco más azul

que el mar.

Un pulpo

me hace guiños

a través del cristal.

깊은 바다에 누워

깊은 바다에는
수정으로 만든
집 한 채 있어,
산호 거리를
마주 보고 있다.

다섯 시가 되면
커다란 황금 물고기
내게 인사하러 온다.

산호초에서 꺾은
빨간 꽃다발을
내게 선물한다.
나는 바다색보다
살짝 더 푸른
침대에서 잠이 든다.

문어 한 마리
수정 창문 통해
내게 윙크를 보낸다.

En el bosque verde

que me circunda

-din don… din dan-

se balancean y cantan

las sirenas

de nácar verdemar.

Y sobre mi cabeza

arden, en el crepúsculo,

las erizadas puntas del mar.

나를 감싸주는
초록색 수풀에서는
바다색 자개 옷 입은
바다의 요정들이
"딩동 딩댕~"
율동하며 노래 부른다.

그리고 내 머리 위로는
곤두선 바다의 머리칼이
석양에 불타고 있다.

7

Mascarilla y trébol

가면과 클로버(1938)
그리고 네 편의 시

Un lápiz

Por diez centavos lo compré en la esquina
y vendiómelo un ángel desgarbado;
cuando a sacarle punta lo ponía
lo vi como un cañón pequeño y fuerte.

Saltó la mina que estallaba ideas
y otra vez despuntólo el ángel triste.
Salí con él y un rostro de alto bronce
lo arrió de mi memoria. Distraída

lo eché en el bolso entre pañuelos, cartas,
resecas flores, tubos colorantes,
billetes, papeletas y turrones.

Iba hacia no sé dónde y con violencia
me alzó cualquier vehículo, y golpeando
iba mi bolso con su bomba adentro.

연필 한 자루

골목 모퉁이에서 십 센트 주고 샀다.
내게 그걸 판 사람은 한 촌뜨기 천사
뾰족한 연필심을 집어드니
작고 강력한 대포처럼 보인다.

도드라진 연필심이 아이디어를 쏟아내니
슬픈 천사가 심을 다시 갈아준다.
밖으로 나섰는데 웬 구릿빛 얼굴 사내
연필을 잊게 한다. 정신줄 놓은 채

그걸 핸드백에 던져 넣었다. 손수건,
편지, 마른 꽃잎들, 염색 물감통,
지폐와 티켓 몇 장, 그리고 과자 사이로.

정처 없이 걷기 시작했는데 난폭하게
어떤 자동차가 내 몸을 치었다. 그리고
폭탄이 들어있는 핸드백을 짓밟고 가버렸다.

Voy a dormir

Dientes de flores, cofia de rocío,
manos de hierbas, tú, nodriza fina,
tenme prestas las sábanas terrosas
y el edredón de musgos escardados.

Voy a dormir, nodriza mía, acuéstame.
Ponme una lámpara a la cabecera;
una constelación; la que te guste;
todas son buenas; bájala un poquito.

Déjame sola: oyes romper los brotes…
te acuna un pie celeste desde arriba
y un pájaro te traza unos compases

para que olvides… Gracias. Ah, un encargo:
si él llama nuevamente por teléfono
le dices que no insista, que he salido…

이제 잠들고 싶어요

꽃잎의 가지런한 치아, 이슬방울로 만든 보닛,
살랑거리는 풀잎의 손길, 오 다정한 이모님,
황토의 시트와 두터운 이끼 이불을
내게 덮어 주세요.

이제 잠들고 싶어요, 이모님, 날 뉘어 주세요,
내 머리맡에는 램프를 밝혀 주세요.
아니면 빛나는 별자리를요, 원하시는 것으로
아무것이나 좋아요, 불빛은 조금 줄여 주세요.

혼자 있게 해주세요, 그리고 꽃망울 터지는 소리를 들어 보세요…
하늘에서 신성한 두 발이 내려와 당신 요람을 흔들어주고
새 한 마리가 날아다니며 당신에게 원을 그려주네요.

그렇게 잊으세요… 고마워요. 아, 하나 부탁이,
그가 다시 전화하면
이제 하지 말라고 전해 주세요, 이미 떠났다고요…

Alma muerta

Piedras enormes, rojo sol y el polvo
alzado en nubes sobre tierra seca...
El sol al irse musitó al oído:
el alma tienes para nunca muerta.

Moviéndose serpientes a mi lado
hasta mi boca alzaron la cabeza.
El cielo gris, la piedra, repetían:
el alma tienes para nunca muerta.

Picos de buitre se sintieron luego
junto a mis plantas remover la tierra;
voces del llano repitió la tarde:
el alma tienes para nunca muerta.

Oh sol fecundo, tierra enardecida,
cielo estrellado, mar enorme, selva,
entraos por mi alma, sacudidla.
Duerme esta pobre que parece muerta.

죽은 영혼

커다란 돌들과 붉은 태양, 그리고 메마른
대지 위 구름에 섞여 떠도는 먼지…
태양이 길을 떠나며 귀에 대고 소곤댄다.
네 영혼은 결코 죽지 않아.

뱀들이 내 주변을 휘어 돌아가며
내 입까지 머리를 들어 올렸다.
잿빛 하늘, 돌, 그리고 반복해 말하지,
네 영혼은 결코 죽지 않아.

곧 독수리 부리가 내 나무줄기 옆에서
대지를 없애버리는 것을 느낀다.
늦은 오후 평원의 목소리가 반복된다,
네 영혼은 결코 죽지 않아.

오 풍요로운 태양, 열기에 들뜬 대지,
작열하는 하늘, 거대한 바다와 밀림,
내 영혼으로 들어와 흔들어다오,
가련한 이 영혼은 죽은 듯 잠든다.

Ah, que tus ojos se despierten, alma,
y hallen el mundo como cosa nueva...
Ah, que tus ojos se despierten, alma,
alma que duermes con olor a muerta...

아, 영혼아, 두 눈을 뜨고 있구나,
그리고 새로운 것인 양 세상을 본다…
아, 영혼아, 두 눈을 뜨고 있구나,
죽음의 냄새를 풍기며 잠드는 영혼이…

Animal cansado

Quiero un amor feroz de garra y diente
Que me asalte a traición a pleno día
Y que sofoque esta soberbia mía
este orgullo de ser todo pudiente.

Quiero un amor feroz de garra y diente
Que en carne viva inicie mi sangría
A ver si acaba esta melancolía
Que me corrompe el alma lentamente.

Quiero un amor que sea una tormenta
Que todo rompe y lo renueva todo
Porque vigor profundo lo alimenta.

Que pueda reanimarse allí mi lodo,
Mi pobre lodo de animal cansado
Por viejas sendas de rodar hastiado.

지친 짐승

이빨과 발톱을 드러낸 거친 사랑을 하고 싶어라
하루아침 배신으로 치를 떨게 하는 그런 사랑
남부럽지 않은 자존심, 이 높은 콧대를
질식시키는 그런 사랑을 하고 싶어라.

이빨과 발톱을 드러낸 거친 사랑을 하고 싶어라
고운 살갗에 피를 흘리게 하라, 그러면
내 영혼을 서서히 썩게 하는
이 멜랑콜리가 멈추는지 보리라.

모든 걸 부수고 다시 새롭게 하는
폭풍 같은 사랑을 하고 싶어라
엄청난 활력이 그것을 먹여 살리나니.

수렁에 빠진 내가 살아날 수 있다면,
항상 똑같은 길을 피곤에 절어 헤매는
지친 짐승처럼 수렁에 빠진 내가.

Esta tarde

Ahora quiero amar algo lejano...
Algún hombre divino
Que sea como un ave por lo dulce,
Que haya habido mujeres infinitas
Y sepa de otras tierras, y florezca
La palabra en sus labios, perfumada:
Suerte de selva virgen bajo el viento...

Y quiero amarlo ahora. Está la tarde
Blanda y tranquila como espeso musgo,
Tiembla mi boca y mis dedos finos,
Se deshacen mis trenzas poco a poco.

Siento un vago rumor... Toda la tierra
Está cantando dulcemente... Lejos
Los bosques se han cargado de corolas,
Desbordan los arroyos de sus cauces
Y las aguas se filtran en la tierra
Así como mis ojos en los ojos
Que estoy soñando embelesada...

오늘 오후

저 멀리 무언가 당장 사랑하고 싶어…
어떤 근사한 남자
감미로운 한 마리 새와 같기를,
수많은 여인들과 사랑도 해 봤기를
세상의 곳곳을 누비고, 입술에서는
향기로운 언어가 피어 나오길
폭풍우 속의 처녀림과 같기를…

지금 당장 그를 사랑하고 싶어. 무성한
이끼처럼 부드럽고 고요한 오후,
떨리는 내 입술과 가느다란 손가락
땋아놓은 내 머리칼이 조금씩 풀어지네.

무언가 막연한 소리… 온 땅이
부드럽게 노래를 부르네… 멀리서
숲이 온통 꽃부리로 덮이고
개천은 홍수로 범람해
그 물은 대지로 스며들지
마치 내 눈동자가 스며들 듯이,
날 황홀하게 만드는 그 눈동자에…

Pero

Ya está bajando el sol de los montes,

Las aves se acurrucan en sus nidos,

La tarde ha de morir y él está lejos…

Lejos como este sol que para nunca

Se marcha y me abandona, con las manos

Hundidas en las trenzas, con la boca

Húmeda y temblorosa, con el alma

Sutilizada, ardida en la esperanza

De este amor infinito que me vuelve

Dulce y hermosa…

하지만
태양은 이미 산에서 내려오고
새들은 둥지에 몸을 숨기네,
이제 오후는 잠들려 하고 그는 저 멀리…
마치 날 버리고 떠난 태양처럼 멀리,
머리칼을 헤치는 두 손, 촉촉이 젖어
떨리는 입술, 달콤하고 아름답게
내게 돌아오는 무한한 사랑의
희망에 부풀어 정신줄 놓아버린
영혼과 함께.

Un día...

Andas por esos mundos como yo; no me digas
que no existes, existes, nos hemos de encontrar;
no nos conoceremos, disfrazados y torpes
por los caminos echaremos a andar.

No nos conoceremos, distantes uno de otro
sentirás mis suspiros y te oiré suspirar.
¿Dónde estará la boca, la boca que suspira?
Diremos, el camino volviendo a desandar.

Quizá nos encontremos frente a frente algún día,
quizá nuestros disfraces nos logremos quitar.
Y ahora me pregunto... cuando ocurra, si ocurre,
¿sabré yo de suspiros, sabrás tú suspirar?

언젠가

당신도 나처럼 그 일대를 배회하네요. 내게 없는 척
하지 말아요, 당신은 있으니까, 만나게 돼 있으니까.
몰라볼지도 모르죠, 얼굴을 가리고 얼뜨게
우리는 거리에 나서겠지요.

우리는 못 알아볼 거예요, 서로 거리를 둔 채
당신은 내 탄식을, 난 당신 탄식 소리 듣겠죠,
어디서 오는 걸까, 이 탄식의 소리는?
이렇게 말하며, 오던 길을 되돌아가겠죠.

어쩌면 언젠가 정면으로 마주치겠죠,
아마도 우리 얼굴을 드러낼 수 있을 때.
이제 스스로 물어봐요… 그런 일이 정말 일어난다면
난 당신 탄식 소리를 알까요, 당신은 탄식할 줄 알까요?

시인에게 바치는 노래

Alfonsina y el mar
알폰시나와 바다

아리엘 라미레스(Ariel Ramírez) 작곡
펠릭스 루나(Félix Luna) 작사

Alfonsina y el mar

Por la blanda arena que lame el mar
Su pequeña huella no vuelve más
Un sendero solo de pena y silencio llegó
Hasta el agua profunda
Un sendero solo de penas mudas llegó
Hasta la espuma

Sabe Dios qué angustia te acompañó
Qué dolores viejos calló tu voz
Para recostarte arrullada en el canto de las caracolas marinas
La canción que canta en el fondo oscuro del mar
La caracola

Te vas Alfonsina con tu soledad
¿Qué poemas nuevos fuiste a buscar?
Una voz antigua de viento y de sal
Te requiebra el alma y la está llevando
Y te vas hacia allá como en sueños
Dormida, Alfonsina, vestida de mar

알폰시나와 바다

바닷물이 쓰다듬고 간 고운 백사장
작은 발자국 이제 돌아오지 않으리
고통과 침묵이 만든 고독의 길
깊은 바닷속으로 이어지네
무언의 슬픔이 만든 고독의 길
파도 거품 속에 사라지네.

오직 하느님만 알리라, 널 사로잡은 고뇌
너를 침묵하게 한 오랜 고통,
소라고둥 노랫소리 가운데
너를 잠들게 하네
바닷속 어둠의 심연에 울리는
소라고둥 노랫소리.

고독을 안고 떠나는 알폰시나
어떤 새로운 시를 찾아 나섰을까?
소금기 묻은 태곳적 목소리가 바람에 실려
네 영혼을 구슬리어 데리고 가버리네
바다의 옷을 차려입고 잠든 알폰시나
마치 꿈결처럼 따라가네.

Cinco sirenitas te llevarán
Por caminos de algas y de coral
Y fosforescentes caballos marinos harán
Una ronda a tu lado
Y los habitantes del agua van a jugar
Pronto a tu lado

Bájame la lámpara un poco más
Déjame que duerma nodriza, en paz
Y si llama él no le digas que estoy
Dile que Alfonsina no vuelve
Y si llama él no le digas nunca que estoy
Di que me he ido

Te vas Alfonsina con tu soledad
¿Qué poemas nuevos fuiste a buscar?
Una voz antigua de viento y de sal
Te requiebra el alma y la está llevando
Y te vas hacia allá como en sueños
Dormida, Alfonsina, vestida de mar.

다섯 꼬마 인어가 너를 안내할 거야
해초와 산호가 만들어놓은 길로,
반짝이는 해마 무리가 둥글게
너를 둘러싸고
바닷속 이웃들은 널 환영하며
함께 뛰놀겠지.

램프 불빛을 조금 줄여 주세요
이모님, 이제 잠 좀 잘게요, 평안하게
혹시 그가 전화하면 없다고 해주세요
알폰시나는 돌아오지 않는다고 말해 주세요
혹시 그가 전화하면 절대 없다고 해주세요,
난 이미 떠났다고 말해 주세요.

고독을 안고 떠나는 알폰시나
어떤 새로운 시를 찾아 나섰을까?
소금기 묻은 태곳적 목소리가 바람에 실려
네 영혼을 구슬리어 데리고 가버리네
바다의 옷을 차려입고 잠든 알폰시나
마치 꿈결처럼 따라가네.

알폰시나 스토르니가 남긴 작품

1916 *La inquietud del rosal*(장미 넝쿨의 고뇌), Buenos Aires: Librería de La Facultad.

1918 *El dulce daño*(달콤한 상처), Buenos Aires: Sociedad Cooperativa Editorial Limitada.

1919 *Irremediablemente*(어쩔 수 없이), Buenos Aires: Sociedad Cooperativa Editorial Limitada.

1920 *Languidez*(나른함), Buenos Aires: Sociedad Cooperativa Editorial Limitada.

1925 *Ocre*(황토), Buenos Aires: Babel.

1926 *Poemas de amor*(사랑의 시), Buenos Aires: Porter.(산문집)

1927 *El amo del mundo*(세상의 주인), Revista Bambalinas, 470, Buenos Aires.(희곡)

1931 *Dos farsas pirotécnicas*(두 개의 도발적 소극), Buenos Aires: Cabaut.(희곡)

1934 *Mundo de siete pozos*(일곱 개의 샘이 있는 세계), Buenos Aires: Tor.

1938 *Mascarilla y trébol*(가면과 클로버), Buenos Aires: Mercatali, Impr.

옮긴이의 단상(短想)

• 안녕! Adiós! 》 p.21

일찍이 시인의 비극적 죽음을 예견한 것으로 자주 언급되는 시다. 시간의 위력 앞에 무력한 인간. 그 위력을 잘 드러내는 것이 '바람'이다. 그것은 초봄의 새싹을 어루만지는 산들바람이 아니라 꽃송이를 꺾어가 버리는 "매정한" 가을바람이다. 과거의 감미로움과 선량함이 휩쓸려간 자리에 시간은 산산이 흩어지고 슬픈 어둠 속에 고독이 활개친다. 서글픈 한숨만 내뱉는 무기력한 인간. 그러나 내 마음은 그 와중에도 삶의 욕망, 본능적인 사랑의 욕망을 부추긴다. 그러나 어차피 뻔한 싸움, 패배는 예견되어 있다. 시인은 이별을 고한다. 어쩌겠는가? 우리의 하루하루 역시 이별의 과정이거늘.

• 장미 넝쿨의 고뇌 La inquietud del rosal 》 p.25

어린 시절 하루빨리 어른이 되고 싶은 마음을 가져봤을 것이다. 그러나 한 톨의 곡식이 익기 위해 햇살이 내리쬐고 빗줄기가 대지를 적시듯 성인이 되는 것도 자연의 섭리와 함께 정신적·육체적 발효가 필요하다. 그러나 비닐하우스 재배처럼 성장을 강요당하는 존재도 있다. 어린 시절부터 가난 때문에 학교 대신 공장일을 했던 알폰시나는 생명의 수액이 고갈되는 걸 느낀다. 그래서 이 시는 개인적인 비관을 넘어, 어린 소녀들에게 부과된 가부장제 비판으로 읽힌다. 시인의 고뇌가 지구 반대편에서 100년 전 있었던 남의 일이라고 무심히

넘겨버릴 수 있을까? 청소년 행복지수가 OECD 국가들 가운데 최하위인 한국 사회는 전체가 거대한 비닐하우스 아닌가?

• 암늑대 La loba » p.27

이솝우화 등 대부분 동화에서 늑대는 음흉하고 포악한 이미지를 가지고 나타난다. 그러나 늑대의 모성애는 누구 못지않게 지극하다고 한다. 자신을 늑대로 비유한 시인은 우리에게 홀로 "양식을 구하고" 자식을 키우는 싱글맘의 비장함을 잘 보여준다. 당시 아르헨티나에서 미혼모는 범죄자 취급을 당했고 '사생아' 자식에게는 친부 확인이 금지되었으며 친부 재산에 대한 권리도 거부당했다. 이런 가부장제 사회에서 작가로서, 싱글맘으로서 알폰시나에게는 삶 자체가 전쟁이었다. 시인은 그릇된 법과 제도, 그리고 편견을 비판하며 전장을 확대한다. 이 시가 수록된 『장미 넝쿨의 고뇌』는 알폰시나의 첫 시집으로서, "무리와 결별하고 산으로", 즉 자기만의 세계로 도피했던 시절 "죽지 않기 위해" 쓴 글이었다. 알폰시나는 마침내 문단의 인정을 받지만 상처뿐인 영광이었다.

홀로 남겨진 아들은 어떻게 되었을까? 바다에 몸을 던지는 마지막 순간까지 시인의 눈에 밟혔을 아들 알레한드로는 번듯하게 성장하여 평생 교사의 길을 걸었고 2009년 97세에 세상을 떠난다. 이 시는 생전의 알레한드로가 어머니의 글 가운데 가장 좋아했던 작품이었다고 한다.

• 제비 Las golondrinas » p.33

이 시는 1916년 2월에 쓰이고 1919년 문학지 〈라 노타(La Nota)〉

에 실린 작품이다. 20대의 아가씨가 썼다고 보기엔 너무 애잔하고 염세적인 시다. 그녀는 사랑과 행복을 찾아 제비의 힘을 빌려 바다 건너 태양의 나라로 가기를 열망한다. 그러나 시인은 그것이 불가능하다는 것을 알고 있다. 심지어 그런 나라는 아예 존재하지 않을 것이다. 흥부에게 행복의 박씨를 물고 오는 제비는 아르헨티나에서도 봄의 전령이다. 이 새는 겨울 왕국에서 벗어나고픈 알폰시나에게 영원한 봄날로 인도하는 자유를 상징하기도 한다. 그러나 제비가 입은 검은색의 상복은 시인에게 부과된 숙명의 그림자다. 애초에 그녀가 상복 입은 제비와 함께 가고 싶은 곳이 영원한 안식이 있는 죽음의 세계는 아니었을까? 만일 제비의 날개가 파란색이었다면 알폰시나의 운명은 다르게 펼쳐졌을까?

• 끝나지 않는 것 Lo inacabable 》 p.39

　꽃잎이 떨어져도 다시 피어나고, 눈물은 진주 구슬로 맺히며, 햇살은 어둠을 쫓아버리고, 죽음에서 새 생명이 샘솟는다. 사랑 역시, 삶과 마찬가지로, 영원하지 않고 덧없는 것이지만 그렇기에 또 다른 사랑이 찾아올 것이다. 메마른 나무 둥치에서 새싹의 탄생을 기다리듯, 사랑하는 이를 원망 없이 보내고 새로운 인연을 찾아 나서는 시인의 모습이 의연하고도 처연하다.

• 삶 Vida 》 p.43

　『침묵』을 쓴 일본 작가 엔도 슈샤쿠(遠藤周作, 1923-1996)는 나가사키의 바다를 바라보며 이렇게 말한다. "삶은 이리도 슬픈데, 바다는 저리도 푸르구나." 그렇다. 삶은 원래 고통의 바다이고 슬픈 것이다.

그럼에도 불구하고 나는 그 슬픔과 놀면서 고통을 비켜 가고 매혹적인 시에서 세계의 에너지를 얻는다. 하늘은 푸르고 봄의 햇살이 찾아온다.

• 그 한 마디 Dos palabras 》 p.47

이 시의 스페인어 제목은 '그 두 마디(Dos palabras)'다. 물론 우리말로 "사랑해(Te quiero)"를 의미한다. 원어와 달리 우리말로는 한 마디가 되기에 제목을 달리 달았다. 함축적인 한국어 제목이 시의 제목으로 더 어울리는 것 같다. "사랑해!" 한 줄기 바람과 같이 한마디로 족한 이 표현은 너무도 상투적이지만 언제나 새롭다. 너무도 진부하지만 너무도 강렬하다. 너무도 강렬해서 상대방을 행복하게 만들고 온몸을 전율케 하고 시간과 공간을 멈춰 세운다. 그리하여 마침내 마치 꽃을 꺾듯이 별을 따라 하늘로 향한다. 그토록 진부한 말이 어찌 이런 위력을 발휘하는 것일까? 그 열쇠는 내면의 진정성과 그 마음을 드러내는 솔직함이다. 순수한 감정과 진지함, 그리고 용기는 '그 한 마디'를 유치함에서 구해낸다.

• 달콤한 고통 Dulce Tortura 》 p.49

사랑이 가버리면 향기만 남는다. 그래서 향기조차 고통이다. 모든 사랑은 본성상 고통을 동반한다. 말 그대로 '달콤한 고통'이다. 미국의 가수 베트 미들러(Bette Midler)는 같은 이름의 영화 주제곡이기도 했던 인기 팝송 〈더 로즈(The Rose)〉에서 사랑이 영혼의 피를 흘리게 하는 면도칼 같다고 노래한다. 하지만 고통이 두려워 사랑하지 못한다면 그건 마치 죽음이 두려워 사는 법을 배우지 못하는 것과 같다고 노래하며 가사는 이렇게 이어진다. "당신은 생각하겠죠. 사랑이란 단지 운 좋고 강한 이들만을 위한 것이라고. 하지만 기억하세요. 추운 겨울, 매섭도록 시린 눈 아래 씨앗 하나 웅크리고 있음을. 봄이 찾아오면 태양의 사랑 받아 장미꽃으로 피어나지요." 알폰시나에게도 사랑은 절망 속에서 삶을 지탱케 하는 장미꽃이었을 것이다. "다정도 병인 양하여 잠 못 들어" 하는 알폰시나여.

• 예감 Presentimiento 》p.51

어린 시절부터 죽기 직전까지 평생에 걸쳐 알폰시나는 죽음을 예감해 왔다. 시인이 원한 것은 분명 깔끔하고 고통 없는 죽음이 아니었을까? 일찍이 독사의 독성이 빠르다는 걸 알았던 클레오파트라는 고통 없이 죽기 위해 뱀에 물려 죽는 길을 택했다고 한다. 그런데 시인은 왜 하필 하얀 독사를 골랐을까? 사실 백사는 워낙 희귀해서 영물로 인식되지만 피부색이 보호 기능을 하지 못해 일찍 죽는다. 알폰시나는 기왕이면 같은 비극적 운명을 가진 영물에게 죽음을 의탁한 것일까? 정반대의 해석도 가능하다. 많은 경우 뱀은 파괴적이면서도 에로틱한 남근(男根)의 상징이기도 하다. 햇살이 투명한 화창한 오후, '신의 선물'이라 하는 재스민꽃에서 태어난 영물이 여인의 몸에 들어온다. 죽음에 이르도록 달콤하게.

• 부드러운 당신 Tu Dulzura 》p.53

알폰시나의 작품 가운데 드물게 화창한 봄날의 수채화 같은 시다. 라틴아메리카 문학의 낭만주의라 할 수 있는 모데르니스모(modernismo) 문체가 잘 드러난다. 시각(눈송이), 청각(한숨), 후각(향

수), 미각(꿀), 촉각(손길) 등 인간의 오감이 모두 동원되어 공감각의 향연을 이룬다. 연인과 잊지 못할 하룻밤을 보낸 육체적 행복감과 개운함은 영혼에도 날개를 달아주어 춤추게 한다. 시인도 언급한 '세 여신(Tres Gracias)'의 유쾌한 춤이 보이는 듯하다.(제목은 같지만, 라파엘로의 〈세 여신〉이 아니라 루벤스의 〈세 여신〉을 봐야 더 잘 이해될 것이다). 너무도 행복한 주인공, 그 기운이 사라질까 두렵기만 하다.

• 넌 나만 순결하길 바라지 Tú me quieres blanca 》p.55
이 시를 읽으면 자연스레 떠오르는 사람이 있다. 17세기 스페인 식민지 시절 라틴아메리카 최초의 여성 지식인이라 불렸던 멕시코의 소르 후아나(Sor Juana Inés de la Cruz, 1648-1695) 수녀. 뛰어난 시적 재능으로 '열 번째 뮤즈'라는 찬사를 들었던 소르 후아나는 당대 스페인어권 최고의 시인이었다. 사생아 출신으로서 식민체제의 엄혹한 가부장제 사회에서 '자기만의 방'을 찾아 수녀원으로 도피해 재능을 꽃피웠으나 끝내 절필을 강요당하고 요절하고 만다. 때문에 소르 후아나는 남성중심사회의 횡포와 위선을 준엄하게 비판하지만 끝내 편견의 굴레를 벗지 못하고 바다에 몸을 던진 스토르니와 비교되곤 한다. 소르 후아나가 쓴 시 일부를 옮긴다. "아무 이유 없이 여자를/ 비난하는 천박한 남자들/ 자기들이야말로 그 원인을 제공한/ 당사자임을 모르고 있구나(…) 천박하게 우쭐거리며/ 쾌락의 상대로 창녀 타이스를/ 내조의 상대로는 정숙한 루크레시아를/ 애타게 찾고 있지."

• 여행 Viaje 》p.63
달은 흔히 여신의 상징이자 출산과 생명의 힘을 주는 존재로 인식

된다. 그런데 유난히 커다랗고 창백한 달이 나를 바라보며 감정이 이입된다. 달빛이 떨리듯 나도 떨면서 달님의 목소리를 듣는다. "죽음, 사랑 그리고 신비…" 나는 삶의 여정이 막바지에 도달했음을 깨닫는다. 이제 죽음이 마지막 여행길에 초대하리라. 그러나 막상 죽음에 대한 두려움도 슬픔도 느껴지지 않는다. 아직은 삶의 신비를 더 경험하고 싶은 나의 길을 커다란 달님이 하얗게 비춰준다.

• 벌거벗은 영혼 Alma desnuda 》 p.69

시의 제목처럼 시인은 천의 얼굴을 가진 영혼을 고백한다. 자신의 심장을 쪼개어 줄 수 있을 정도로 희생적이고, 눈이 오면 슬픔에 녹아버릴 정도로 감성적인 영혼. 그러기에 방황하고 포효하면서 봄에 꽃을 피울 장미를 애타게 그린다. 순수한 시인의 고백은 진솔하다. 그런 순수한 영혼이 살기에 세상은 너무 험난하다. 시인은 온갖 난관을 무시하고 신에게 기도하며 겨울과 봄의 장벽을 뛰어넘는 자신의 세계를 꿈꾼다. 자기 자신과도 불화하며 시인이 궁극적으로 갈망하는 것은 완전한 자유다. '없을 무(無)' 안에 무한수(無限數)가 들어있듯이, "너무 많은 건 없는 것"이다. 마찬가지로 고뇌, 방황, 슬픔, 한숨, 죽음 등을 통해 시인은 모든 걸 부정하지만 모든 것의 부정은 결국 긍정이다. 그것은 궁극적인 안식처를 갈망하는 시인의 욕망이다.

• 바다 앞에서 Frente al mar 》 p.75

바다는 알폰시나가 택하는 작품의 주요 소재다. 그것은 모든 것을 포용하는 평온한 바다가 아니라 분노에 포효하는 격정의 바다이다. 한때 모든 것을 감싸주는 바다가 되기를 꿈꾸었으나 더 이상 그 위선을 감당할 수 없는 끔찍한 삶. 도시의 천박함과 남자의 배신, 그리고 가난과 고통에 지친 시인은 바다의 광포함에 가라앉는 연약한 희생자이다. 그러나 시인은 동시에 자신을 빨아들이는 바다의 무한한 힘을 갈구한다. 알폰시나는 광활하고 당당한 바다를 동경하고, 그 분노와 감정이입이 되고 마침내 바다 자체가 된다. 바다는 죽음을 이기는 재생의 상징이다. 바다에 몸을 던진 알폰시나는 마침내 푸른 공기를 숨 쉬며 다시 태어났을까?

- 작은 남자 Hombre pequeñito 》p.81

카나리아는 귀여운 모습에다가 명랑하게 지저귀기 때문에 애완용으로 많이 키우는 새다. 그러나 카나리아는 시끄러운 것과 홀로 있는 것을 두려워하는 소심한 성격을 가지고 있다고 한다. 우리는 새장 속의 카나리아를 얼마나 이해하고 있을까? 알폰시나는 사람들에 둘러싸인 여성의 고립감을 토로한다. 자기를 평생 새장에 가두었던 작은 남자들. 그들이 작은 이유는 키가 작아서, 돈이 없어서, 혹은 권력이 없어서가 아니라 좁쌀 같은 인간들이기 때문이다. 새장은 이 소인배들이 장악한 남성중심주의 사회의 장치다. 여성을 소유물로 인식하는 천박한 인식에 맞서 시인은 감성과 지성 모두에서 남녀 간의 균형을 요구한다. 더 나아가 모든 여성을 대변해 여성참정권을 요구하고 여권을 주창하는 글을 쓴다. 새장을 벗어나는 카나리아, 즉 자유를 갈구하는 알폰시나는 점차 페미니즘 시인으로 자리를 굳힌다.

- 증오 Odio 》p.83

사랑의 시인 알폰시나는 늘 사랑을 갈구했지만 그만큼 배신의 쓴

맛을 봐야만 했다. 지나쳐 버리고, 날아가 버리고, 미소를 멈추고, 도망가 버리는 사랑의 덧없음을 누구보다 처절하게 느꼈을 시인. 그렇게 덧없이 모든 것이 사라져 버려도 사라지지 않는 것이 있다. 그것은 "유월에 서리를 내리게 하는" 여인의 증오다. 스페인어 원문을 그대로 옮기면 "비단실을 비수로 바꿔놓은" 증오다. 만남보다 더 중요한 게 잘 헤어지는 것이다.

• 평화 Paz 》 p.87

동서를 막론하고 나무는 생명과 지혜의 상징이다. 에덴동산 한가운데 생명의 나무가 있었고 부처님은 보리수 아래 깨달음을 얻었다. 보들레르의 시에서 나무는 하늘과 교감하는 신전의 기둥이다. 나무는 평화의 상징이기도 하다. 나무의 넉넉한 그늘은 우리를 보호하고 안식을 준다. 그러기에 우리는 나무를 바라보며 슬픔과 미움을 내려놓고 기쁨과 사랑을 회복한다. 그런데 조심하자. 나무에는 새들이 잠들고 있으니… 시인은 왜 새들을 깨우지 말라고 했을까? 나무의 손님인 새들의 휴식을 위해? 혹은 새들이 시끄럽게 지저귀며 고요함을 깨뜨릴까 봐?

• 혈통의 무게 Peso ancestral 》 p.89

라틴아메리카는 뿌리 깊은 남성중심주의(machismo) 사회이다. 한때 서유럽 국가들을 압도하는 선진국이었던 아르헨티나도 예외는 아니다. 알폰시나는 살아생전에 투표권도 행사해 본 적이 없다.(아르헨티나의 여성참정권이 인정된 것은 1951년이다. 참고로 대한민국은 1948년이다). 사실 '마초주의'를 내세우는 사회에서 여자 못지않게 힘든 건 남자들이다. 진정한 페미니즘이 거부하는 것은 '남성'이 아니라 '남성성(男性性)'이라는 폭력적 허위 이데올로기이기 때문이다. 독기 담긴 남자의 눈물은 혈통의 무게뿐만 아니라 '강철로 된 사람들'로 자처하며 스스로를 옥죄었던 허위의식의 멍에 때문일 것이다.

• 햇살 Un sol 》p.91

격렬하고 솔직한 느낌을 쏟아내면서 사랑을 갈구하는 시인의 감정적인 기복을 보여준다. 배신감과 희망, 조급함과 성찰, 그리고 욕망과 희망이 번갈아 표현된다. 과연 여인의 서리를 녹일 한 줄기 햇살이 비칠까?

• 길 잃은 손길 La caricia perdida 》p.97

가버린 사람을 그리워하면서 그 공허함을 메워줄 또 다른 사랑을 찾는 여인의 심정을 이토록 솔직하게 드러낸 시가 있을까? 심지어 하룻밤 사랑이라도 누구든 받아들일 수 있는 여인. 실연의 상처는 크고 외로움은 깊다. 훗날 파블로 네루다가 "사랑은 짧고 망각은 길다"고 노래하지만, 시인은 기나긴 망각이 두렵기만 하다. 나이 들수록 외모와 매력에 대한 자신감도 떨어진다. 이 시는 수동적인 푸념 같지만, 달리 생각해 보면 자신의 감정과 욕망을 솔직히 표현하며 여성에게 주어진 사회적 통념을 거부하는 용감한 외침이다.

• 방문 Han venido 》p.99

알폰시나가 12세에 쓴 첫 시의 주제는 죽음이었다. 어린 딸의 시를 보고 엄마는 이렇게 달랜다. "인생은 달콤하단다." 성인이 된 알폰시나가 동생에게 말한다. "인생은 달콤해. 하지만 끝내 비극이야." 찰리 채플린도 "삶은 멀리 보면 희극이고 가까이 보면 비극"이라고 말한다. 사랑하는 헌신적인 여인을 만나 8명의 자녀를 낳고 천수를 누린 희극 배우. 그리고 평생 가난과 질병에 시달리며 고단하게 살다가 스스로 삶을 마감한 시인. 그들의 생각이 같은 것이었는지 알 길은 없다. 다만 화려한 명성의 이면에 웅크리고 있는 고독과 처절한 고통 속에 찾을 수 있는 희망의 무게가 그리 다르지는 않을 것 같다. 의외의 깨달음을 주는 것은 선문답 같은 동생의 말이다. "저기 제비들이 날아가네…" 희극이든 비극이든 삶은 여전히 돌아가고 있고 자연은 늘 여전하다. "달마가 서쪽에서 온 뜻은 무엇입니까"라는 물음에 조주(趙州) 스님은 이렇게 답한다. "뜰앞의 잣나무."

• 지구의 죽음에 바치는 기도 Letanías de la tierra muerta (for Gabriela Mistral) 》 p.103

이 시가 실린 〈무기력〉은 제1차 세계대전 직후인 1920년에 출판된 시집이다. 시인은 대서양 건너 유럽을 휩쓸고 간 전쟁의 광기와 폭력을 고발한다. 그리고 전쟁으로 인해 남은 것 하나 없이 어둠이 지배하고 슬픈 적막에 잠긴 세계의 묵시론적 장면을 보여준다. 특히 "이제 순간의 화염과 함께 이 땅에 서 있는 건 아무도 없다."는 말은 시인의 죽음 1년 후에 터진 또 다른 세계대전에서 인류가 목격할 원자폭탄의 섬광을 보여주는 무서운 예언 같다. 다른 한편으로 "지구는 폐허와 쓰레기 더미를 죽은 어깨 위에 짊어지리라."라는 말은 무분별한 오염으로 종말을 맞을 지구의 운명을 예견하는 듯하다. 따라서 이 작품은 전형적인 반전시(反戰詩)이자 중남미 최초의 생태시(生態詩)라

할 수 있다. 과연 죽음의 세계를 홀로 용감히 가로질러 지상의 온기를 되살려 주는 여인은 나타날까?

• 불만 Queja 》 p.119

이 시의 주제는 알폰시나의 삶에서 가장 중요했던 것, 즉 사랑이다. 여성의 권리와 해방을 부르짖으며 시인은 당당하고 솔직하게 자기 감정을 표현한다. 사랑의 배신을 겪은 시인은 환멸에 빠지고 마음의 상처를 하늘에 드러내며 자비를 구한다. 시인은 사랑의 정열이 일시적이고 곧 꺼져버린다는 것을 잘 알고 있다. 그럼에도 불구하고, 올지 안 올지 모르는 이상적 사랑을 기다리는 모순은 그녀를 "사랑하고 싶어 죽겠는데, 사랑할 수 없는" 딜레마에 빠지게 한다.

• 20세기 Siglo XX 》 p.121

영국의 좌파 역사가 에릭 홉스봄(Eric Hobsbawm, 1917-2012)은 20세기를 '극단의 시대'라고 불렀다. 특히 제1차 세계대전이 발발하는 1914년부터 제2차 세계대전이 끝나는 1945년까지를 '파국의 시대(The Age of Catastrophe)'라 명명한다. 이 작품은 '파국' 초기인 1920년에 출판된 시집에 실린 것으로, 대서양 건너편의 비극을 바라보는 시인의 괴로운 심정을 토로한다. 당장 아무것도 할 수 없다는 무기력감과 지식인으로서의 분노가 착잡하게 섞였다. 100여 년이 지난 후 러시아는 우크라이나 침략 전쟁을 일으켜 무고한 사람들이 죽어간다. 런던 하이게이트 묘지의 칼 마르크스 옆에 영면한 홉스봄이 살아 있다면 이 전쟁을 어떻게 보았을까?

• 고통 Dolor » p.127

안식을 위해 시월의 바다를 찾은 알폰시나. 파도와 하나 되기 위해 강인한 로마의 여인처럼 완벽해지고 싶다. 그리고 정처 없이 발길을 옮기며 세상사에서 초탈한 경지를 보인다. 파도를 맞으면서도 의연한 바위처럼, 바닷물에 휩쓸리는 돛단배를 보면서도 담담하게, 그리고 심지어는 멋진 남자를 보더라도 초연하게. 이 시에는 시간의 흐름에 대한 시인의 인식과 성찰이 보인다. 나이를 먹는다는 자각과 아울러 모든 것이 사라진다는 인식. 그리고 아마도 응답받지 못한 사랑의 회한이 사랑마저 덧없다는 생각으로 이어진다. 존재 의미를 상실한 시인은 결국 하늘과 해변 사이 한 점이 되어 바다의 영원한 망각으로 사라진다. 조금의 미련도 없이…

• 거짓 El engaño » p.131

상대방이 나를 사랑하지 않는다는 걸 알면서도 관계를 지속하는 것은 피차 얼마나 괴로운 일일까? 거짓 사랑을 알면서도 매달리는 사랑의 위선. 사랑하는 척하는 위선, 그걸 모르는 척하는 위선. 알폰시나도 "언젠가는 이런 관계를 끝내면 좋겠"다고 생각한다. 하지만 서두르지 않고 좀 더 시간을 끌고 싶다. 그래서 그녀도 마지막에 이렇게 인정한다. "날 속이는 건 당신이 아니야, 날 속이는 건 나의 꿈." 흥미롭게도 이 시기에 그녀의 신경쇠약 원인이 자기 자신이라는 것이 밝혀진다고 한다. 즉 신경증을 유발한 것이 사랑의 배신에 대한 의심과 피해의식이라는 것이다. 과연 알폰시나를 속인 것은 자기 자신이었을까?

• 나는 쓸모없는 여자 Inútil soy ⟫ p.133

　시를 읽으며 또다시 소르 후아나 수녀를 떠올렸다. 식민지 시절 스페인 왕실과 교회의 대립 속에 희생되었던 멕시코 최고의 지성. 그러나 근본적으로 소르 후아나의 목을 옥죄었던 것은 강고한 가부장제 이데올로기였다. 빼어난 미모도, 든든한 배경도 없었던 알폰시나 역시 가난한 미혼모로서 평생에 걸쳐 편견과 차별에 시달려야 했다. 그 옥죄임은 여성의 목소리와 재능을 서서히 질식시키고 "쓸모없는" 존재로 전락시킨다. 빼어난 재능에도 불구하고 결국 가혹한 자기검열과 침묵으로 내몰린 라틴아메리카 여성 지식인들의 삶은 우리 가슴을 짠하게 만든다. 1990년 소르 후아나의 삶을 소재로 마리아 루이사 벰베르그 감독이 제작한 영화의 제목도 〈나는 제일 비천한 여자(Yo, la peor de todas)〉였다. 이들이 과연 비천하고 쓸모없는 여자들이었을까?

• 엄마에게 Palabras a mi madre ⟫ p.135

　시를 쓰고 노래를 불렀던 알폰시나의 재능은 성악을 전공하고 배우를 꿈꿨던 엄마 핏줄 덕분일 것이다. 그러나 엄마 파울리나는 집에서 음악 교습학원을 운영하며 생계를 꾸려나가야 했다. 가난과 가부장제하에서 자신의 꿈을 펼치지 못한 엄마도 얼마나 하고 싶은 일과 하고 싶은 말이 많았을까? 시인이 보여주는 엄마의 이미지는 늘 침묵하고 체념한 여인이다. 엄마를 다룬 또 다른 시에서 알폰시나는 이렇게 쓴다. "때로는 엄마에게도 해방되고 싶다는 열망이 보였다. 그러나 이내 깊은 비애가 두 눈에 비쳤고 어둠 속에서 울음을 토해냈다." 시인은 엄마의 젊은 시절을 환기하며 '여자의 일생'을 위로한다. 그러나 자신에게 해주는 얘기이기도 했을 것이다.

• 내 것 아닌 당신 Tú, que nunca serás 》p.137

　스치는 사랑으로 만났던 남자, 그가 예상치도 않게 마음을 뺏어간다. 남자의 변덕에 진절머리 날 법도 하지만 여우 같은 여인에게 그 변덕도 달콤하게 다가온다. 시인의 표현은 솔직하고 직설적이다. 시인은 남자가 진정한 사랑이 아니라 육체적 쾌락만을 위해 자신을 만난다는 사실을 알고 있지만 개의치 않는다. 애초에 자기가 원하던 것도 그것이었으니까. 그리고 가끔이나마 그의 곁에 머물 수만 있어도 좋으니까. 그리고 "나만 차지할 순 없는 당신"이니까.

• 증기선 Buques 》p.141

　항구의 배는 떠남을 전제로 한다. 돌아온다는 기약은 없다. 항해를 시작한 배는 그 모습도, 그 연기도 곧 흔적 없이 사라진다. 사랑도 마찬가지 아닌가? 증기선은 접시꽃의 꽃말인 '(단순한) 사랑'의 강물을 가르면서 알 수 없는 미지의 세계로 향한다. 사랑 후에 남은 것은 아무것도 없다. 시간의 전령인 바람은 사랑의 기억을 흩어놓고 이제 남은 것은 창백한 노스텔지어.

• 순간 Momento 》p.145

　갑작스러운 이별을 감당하지 못하는 순간 하늘이 노래지는 경험을 한 적이 있는가? 내 사랑 한 명 없는 도시에서 사람들은 해골과 진배없고 하늘은 늘 잿빛이다. 심지어 그 하늘은 나를 숨 막히게 하고 내 목소리마저 앗아가 버린다. 도시의 거리를 휩쓰는 회오리바람은 시인의 심장을 옥죄고 있다. 좀비 도시의 하늘을 파랗게 만들고 시인을 구원할 사랑은 과연 나타날까?

• 사랑의 이유와 풍경 Razones y paisajes de amor 》 p.149

시인이 겪었던 사랑의 과정, 즉 시작과 전개, 그리고 종말을 소네트 양식의 3부작으로 정리했다. 거짓 언약이 어떻게 여인을 유혹하는지, 그리고 여인이 매달릴수록 어떻게 외면하는지. 2부에서 여인은 아직 환상에서 깨어나지 못하고 좋은 면만 보려 하지만 모든 것이 꿈이고 거짓이었다. 유리잔이 깨지는 순간처럼 환멸이 엄습하고 남은 것은 먼지와 어둠뿐. 삶을 일장춘몽이라 보았던 바로크 세계관이 드러난다. 청춘의 아름다움은 결국 "흙, 연기, 먼저, 어둠, 무(無)"일 뿐이라는 스페인 시인 공고라(Góngora)의 표현을 빌렸다. 3부에서는 사랑이 죽고 태양이 사라진 풍경이 보인다. 남은 것은 고독과 추위와 눈물. 그리고 뼈만 남은 여인의 이미지. 결국 종착점은 '사랑의 죽음', 그리고 '사랑으로 인한 죽음'이다.

• 지크프리트라 불리는 청년의 초상 Retrato de un muchacho que se llama Sigfrido 》 p.155

바그너의 오페라 〈니벨룽의 반지〉에 등장하는 지크프리트는 승리(Sieg)를 통해 자유(Fried)를 가져다주는 무적의 영웅이자 태생적으로 공포와 걱정이 없는 불사의 존재다. 이 근육질의 영웅이 활활 타는 불길 속에 누운 공주를 보게 된다. 생전 처음 여자를 본 불사의 영웅이 존재론적 충격을 받으며 공포와 불안이 찾아온다. 라인강 원시림의 구릿빛 청년이 플라타강의 탱고를 만나 사랑을 알면서 새로운 인간이 탄생한다. 신이 따라 할 수 없는 인간의 유일한 특권, 즉 죽음도 따라온다. 죽음을 알기에 삶이 더 소중하고 삶이 있기에 죽음의 의미가 있다. "우리의 욕망은 죽는 것, 그리고 우리 소망은 죽지 않는 것". 폴란드의 시인 심보르스카(Szymborska, 1923-2012)는 이렇게 표현한다. "너는 존재한다, 그러므로 사라질 것이다. 너는 사라진다, 그러므로 아름답다."

- 깊은 바다에 누워 Yo en el fondo del mar 》p.163
커다란 황금 물고기와 윙크하는 문어 한 마리, 그리고 자개 옷을 입은 바다의 요정이 마치 동화처럼 등장한다. 그러나 이 시는 "푸른 침대에서 잠이 든" 알폰시나의 죽음을 암시하는 서늘한 작품이기도 하다. 그러나 바다는 동시에 죽음 후의 부활을 상징한다. 석양에 불타는 거친 파도는 우리에게 죽음과 재생이 겨루는 치열한 현장을 보여준다.

- 연필 한 자루 Un lápiz 》p.169
알폰시나의 시 가운데 드물게 일상의 장면을 소재로 삼았다. 그러나 시인은 이를 통해 시를 작동시키는 순간적인 영감을 보여준다. 연필을 대포로 변모시키는 메타포에서 이제 연필은 단순히 쓰는 도구가 아니라 쓰게 만드는 상상력의 원천이다. 다른 한편으로 그것은 위협적인 자동차에 맞서 주인을 보호하는 폭탄이 될 수도 있다. 사실 우리는 눈앞을 스치는 사물을 보며 얼마나 예기치 못한, 그리고 극적인 생각의 비약을 하곤 하는가. 이리 보면 일상의 주변 모두가 훌륭한 시의 소재가 아닌가? 그래도 이성(異性)에 눈이 팔려 사고를 당하지는 말자.

- 이제 잠들고 싶어요 Voy a dormir » p.171

　알폰시나가 바다에 몸을 던지기 위해 찾은 마르 델 플라타에서 유언처럼 쓴 이별의 작품이다. 대자연의 품에 안겨 잠들고 싶은 시인의 소망이 드러난다. 다독이는 풀잎의 손길과 이끼 이불의 따스함은 마치 어머니의 사랑처럼 차별 없이 우리를 받아주는 자연의 넉넉함을 보여준다. 별들은 총총 주위를 밝히고 하늘의 힘이 요람을 밀어준다. 대지의 사랑에 녹아들면 세속의 사랑은 하찮을 뿐…

- 죽은 영혼 Alma muerta » p.173

　우리는 모두 하루 한 번씩 어둠을 이불 삼아 눈을 감는다. 그리고는 깨어나 부활한다. 언젠가 찾아올 죽음의 잠이 들면서도 우리는 무심하게 눈을 감을 수 있을까? 혹은 다른 세계의 새로운 햇살을 기다릴까? 이 물음은 늘 죽음을 생각했던 알폰시나에게 존재론적 화두가 되었을 것이다. 그러기에 "네 영혼은 결코 죽지 않아"라는 시구는 시인 자신에 대한, 그리고 우리 모두에 대한 위로이다. 스페인의 〈카디스 신문 Diario de Cádiz〉은 2019년 '세계 시의 날'을 맞아 문화계 인사들이 좋아하는 10대 시의 하나로 이 작품을 선정하면서 이렇게 말한다. "만일 이 시를 사랑하게 된다면 당신은 황혼을 바라볼 때마다 그 시구를 기억하게 될 것이다".

- 지친 짐승 Animal cansado » p.177

　알폰시나가 사랑을 표현하는 방식은 대단히 직설적이다. 20세기 초반에, 그것도 남성중심주의가 팽배한 라틴아메리카에서 여성이 자신의 욕망을 이토록 솔직하게 표현하는 것은 파격적이다. 이 시를 보면, 알폰시나에게 사랑은 어떤 것이었을까? 사랑을 통해 온갖 배신과 고통을 경험하며 수렁에 빠졌던 알폰시나. 그러나 지친 짐승을 수렁에서 다시 건져내는 것도 사랑의 힘이다. 즉 알폰시나에게 사랑은 구원과 갱생의 길이다. 그녀는 삶 전체를 재설정(resetting)하는 수준의 사랑을 원한다. 그렇기에 사랑은 그녀에게 한가한 장난이 아니라 삶과 죽음이 겨루는 현장이다. 그것은 존재의 이유다.

- 오늘 오후 Esta tarde 》p.179

시인이 원하는 사랑은 달콤하고 매력 있는 남자. 부드럽고 여자 경험도 많고 견문 넓고 교양도 많은 그런 남자. 한마디로 대화가 되는 남자다. 그동안 스쳐 간 풋내기 사랑이 아니라 영혼의 대화가 가능한 상대다. 비록 한순간일지라도. 그래야 비로소 영혼과 육체가 하나 되어 대화하고 사랑할 수 있으니까. 세 번째 연에서 시인은 사랑을 만난 여인의 육체적 오르가즘을 노골적으로 표현한다. 그러나 격렬한 사랑이라도 절정의 순간이 지난 후 찾아오는 것은 필연적인 이별. 각자는 제 갈 길로 간다. 시인은 지속하고 싶지만 그럴 수 없다는 것을 잘 알고 있다. 남자는 떠나고 내 몸에는 아직 감촉이 남아 있다. 사랑의 위선을 잘 알지만 시인은 그 감촉을 간직하고 영혼은 희망의 끈을 놓지 않는다.

- 언젠가 Un día… 》p.183

누구나 옛사랑을 우연히 마주치는 상상을 해 볼 것이다. 이 거리,

저 골목에서. 어쩌다 마주친다 해도 모르는 체하며 지나칠 것이다. 탄식만 하면서. 옛사랑을 찾았던 사람들은 막상 재회가 이루어지면 대부분 후회한다. 만나지 말 걸 그랬다고. 그래도 만나면 물어보고 싶은 것이 있지 않을까? 날 진짜 사랑했는지…

아니지, 남궁 교수 말대로 모두 부질없는 일.

• 알폰시나와 바다 Alfonsina y el mar 》 p.187

이 시는 알폰시나 스토르니의 작품은 아니지만 그녀의 영혼을 위로하며 만들어진 특별한 노래이기에 함께 번역했다. 아르헨티나의 피아니스트겸 작곡가인 아리엘 라미레즈(Ariel Ramírez, 1921-2010)가 작곡하고 아르헨티나 시인이자 역사가인 펠릭스 루나(Félix Luna, 1925-2009)가 노랫말을 썼다. 아리엘 라미레스는 안데스 전통 리듬과 아르헨티나 민요를 발굴하고 발전시키는 한편 수백 만장의 음반을 성공시킨 세계적인 음악가였다. 그에게 시인의 비극적인 삶에 대해 얘기해 준 사람은 알폰시나가 코론다라는 소도시에서 학교를 다닐 때 선생님이었던 그의 아버지 세논 라미레스(Zenón Ramírez)다.

라미레스의 곡에 가사를 붙인 펠릭스 루나는 시인이자 대학교수를 지낸 역사가이다. 이 노래의 가사가 알폰시나가 유언으로 남긴 시라는 말도 있으나 사실이 아니다. 다만 그런 소문이 난 것이 우연은 아니다. 가사 전체가 알폰시나의 문체와 매우 유사하고 부분적으로 그녀의 시 〈깊은 바다에 누워〉, 〈이제 잠들고 싶어요〉 등에 있는 표현을 가져왔기 때문이다. 아마도 펠릭스 루나는 이 시를 쓰면서 알폰시나와 강렬한 감정이입의 상태에 빠졌을 것이다.

아리엘 라미레스는 이 노래를 '인류의 목소리'라 불리는 아르헨티나의 민중가요 가수 메르세데스 소사(Mercedes Sosa, 1935-2009)에게 주었다. 그리고 1969년 〈아르헨티나 여인들(Mujeres argentinas)〉이란 제목의 음반에 실려 빛을 보게 된다. 남미풍 리듬과 서정시를 좋아하는 사람들에게 소사의 웅혼한 목소리에 실린 이 노래는 큰 인기를 누리면서 세계적인 애창곡이 되었다. 이후로 비올레타 파라, 나나 무스쿠리, 샤키라, 미겔 보세 등의 대중가수뿐만 아니라 알프레도 크라우스, 호세 카레라스, 히나마리아 이달고 등의 성악가에 이르기까지 많은 유명 가수들이 이 노래를, 아니 이 시를 불렀다.

아리엘 라미레스에 따르면, 메르세데스 소사가 처음 악보를 받아 노래를 부르고 나더니 눈물을 떨구고 자기를 포옹하면서 이렇게 말했다고 한다. "제 영혼으로 들어오는 노래예요. 전국 방방곡곡에서 불려질 것 같아요". 그러나 소사의 말과는 달리 이 노래는 알폰시나 스토르니의 시와 함께 아르헨티나를 넘어 세계 모든 곳에서 들을 수 있는 클래식이 되었다.

Dulce Tortura
달콤한 고통

1판 1쇄 발행일 2022년 12월 28일

지은이 알폰시나 스토르니
옮긴이 신정환
펴낸이 고우리

표지화 임찬미
디자인 노승우
저작권 정채림

펴낸곳 아트앤북
출판등록 제2019-000030호
주소 서울시 서대문구 연희로 52-18, 2층
전화 02-363-8864
팩스 02-785-8863
전자우편 artn_book@naver.com

ISBN 979-11-967357-9-1 03870

값 18,000원

- 잘못된 책은 구입하신 서점에서 바꾸어 드립니다.
- 무단 전제와 복제를 금합니다.